尹高明 | 著

IP变现

——个人品牌IP打造及变现实操

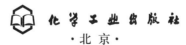

内 容 简 介

本书针对个人IP的打造及变现给出了切实可行的方法，揭秘了爆款背后的运营逻辑。

从点子到产品，从挖掘用户到产品运营，从打造内容到变现模式，结合大量经典运营案例，详细讲解了个人IP运营过程中打造爆款的思路与方法。

- 个人IP基础
- 个人IP打造的内容体系
- 个人IP打造的流量体系
- 个人IP打造的变现体系

本书适合电商、自媒体从业者，以及打算从事个人品牌创作与运营的大众读者学习参考。

图书在版编目（CIP）数据

IP变现：个人品牌IP打造及变现实操/尹高明著.—北京：化学工业出版社，2022.7（2024.3重印）
ISBN 978-7-122-41322-2

Ⅰ.①I… Ⅱ.①尹… Ⅲ.①品牌营销 Ⅳ.①F713.3

中国版本图书馆CIP数据核字（2022）第074627号

责任编辑：贾　娜　　　　　　　　　　　装帧设计：水长流文化
责任校对：宋　夏

出版发行：化学工业出版社（北京市东城区青年湖南街13号　邮政编码100011）
印　　装：北京天宇星印刷厂
710mm×1000mm　1/16　印张11½　字数141千字　2024年3月北京第1版第3次印刷

购书咨询：010-64518888　　　　　　　　售后服务：010-64518899
网　　址：http://www.cip.com.cn
凡购买本书，如有缺损质量问题，本社销售中心负责调换。

定　　价：56.00元　　　　　　　　　　　　　　　　　　版权所有　违者必究

前言

个人品牌时代来临

打开这本书的你，现在从事着什么工作呢？

现在的你，或许是一名白领，坐在舒适的办公室，拿着还不错的月薪，每天朝九晚五，或许还会无限循环地加班，最后带着一身疲惫回到家。你的积蓄随着你的付出慢慢增长，但是增长的速度还是让你不甚满意。

现在的你，或许是一名应届毕业生，刚刚进入了自己心仪的公司，在奔波劳累的第一线岗位上追逐梦想，闲暇时想想未来的晋升路径和可能性，斗志满满。

现在的你，在自己拼搏的城市扎根不久，但希望通过努力，拉近与梦想的距离；希望通过努力，在这座城市买房买车；希望通过努力，在公司站稳脚跟，从普通员工一路晋升，最终实现自己心中的梦。

但是，你有没有想过，你所努力的这一切，可能在未来几年、十几年的时间里，发生一些改变？

随着互联网的快速发展，我们走进了个人自媒体时代，自媒体和IP（品牌）的潜力似乎无穷无尽，从它们的产生、发展到火爆，只用了短短几年的时间。未来的社会形态可能会变成：一个企业只会保留核心团队，绝大多数的工作都将以合作的形式分配给在该领域有杰出表现的个人或小型工作室；很多人会以自由职业者或小型工作室员工的身份，通过不同的渠道承接企业里的大多数工作。企业在寻找能够帮助自己完成任务的个人或工作室时，倾向于寻找那些在细分领域有一定知名度，也就是具有个人品牌的个人或群体。

这并不是想象和臆测，而是一种趋势。

个人品牌时代，很多人为自己工作，开始树立自己的"个人品牌"。此处的"个人品牌"不是狭隘地特指"网红"，而是在各行各业的细分赛道中做出具有自己特点和优势的品牌。个人不需要依赖某个集体，你做过的项目、打造的作品、沉淀的专业经验最终成为自己的品牌资产，最终成就了你在某一个领域的声誉和口碑，这样，你就打造出了"个人品牌"。

在企业不断倾向于将非核心人才外包的形势下，越来越多的职场人更专注于个人品牌的建立，他们参加各种群，与行业和圈子建立联系，参加线下活动、演讲、出书，向公众输出自己的内容……通过各种方式和渠道，不断增加自己被取代的成本。

他们的形式，可能是个人，也可能是小型的、三五个人组成的工作室。

他们的客户，可能是个人，也可能是各类大中小微型的公司。

他们的服务，可能是短期的，也可能是长期合约的。

他们的目标，除了赚取酬金，更是为了扩大自己的知名度。

……

而甲方选择与其合作的前提，也是因为他们在细分领域具有一定的知名度：独立的保险经纪人、理财规划师、品牌咨询顾问、IT运维顾问、营养师、健身教练、设计师、职业作者……

当企业越来越趋向于平台化，为自己工作，树立个人品牌，实际上是你不会失业的最后保障。

个人品牌以内容为载体传递着自己的感召力，聚集粉丝成为社群，构建消费场景和购买依据，带动自发购买。目前，个人IP已经形成了有影响力的产业链，IP打造以及IP变现的过程其实就是一个文化产业链贯通的过程，是一个完整的系统。自品牌时代，人人皆可能成为超级个人IP。那么，爆款个人IP的创意从哪里来？打造爆款IP是否有套路可寻？该如何宣传？又如何变现？

请到本书中寻找答案。

尹高明

目录

第一部分　个人IP基础介绍

第1章　每个人都是自品牌 2
- 1.1 打造个人品牌是时代发展的要求 2
- 1.2 99%的人不理解的个人品牌核心内涵 8
- 1.3 要成为细分领域头部 13
    - 案例1：24岁毕业时月入三千元，1年后首付买下人生第一套房 18
    - 案例2：她靠着写网络小说，年入百万 19

第2章　个人品牌变现的途径 22
- 2.1 有人愿意为成长买单 22
- 2.2 个人品牌与私域流量 28
- 2.3 付出的时间和得到的回报 32
    - 案例1：在社群卖课程实现财务自由 35
    - 案例2：组建一个圈子 37

第3章　找到自己的高价值定位 39
- 3.1 对于高价值定位的理解 40
- 3.2 个人定位方法：3C分析法和三个成就事件法 44
- 3.3 个人定位体系需要注意的要素 49

案例1：从小设计人员到大牌设计师的自我谋划 51

案例2：斜杠青年 54

第二部分　个人IP打造的内容体系

第4章　个人IP的内容输出 59
4.1　如何写好自我介绍 59
4.2　社交渠道：朋友圈日常内容输出方法 64
4.3　短视频渠道：抖音、视频号日常输出方法 73
4.4　图文渠道：头条号、公众号、知乎、百家号内容输出方法 77
4.5　直播渠道内容输出方式 82
案例1：优质内容的持续输出，是个人品牌打造的关键 87

案例2：网红更迭的速度太快，没有好内容的直播最终被淘汰 88

第5章　IP的故事思维 91
5.1　每个IP的背后都有一个故事 92
5.2　用故事提升个人影响力 95
5.3　如何让你的故事流传起来 99

第6章　如何创作爆款内容 103
6.1　给用户传递一个高识别度的内容 103
6.2　拒绝跟风与抄袭，坚持原创为王 107
6.3　观点犀利、三观正确，用户才会认同 109

6.4 真实的好内容才能引发共鸣 111
  案例1：为什么大家都喜欢"李月亮" 113
  案例2：新号上线破10万，她用内容俘获人心 115

第三部分 个人IP打造的流量体系

第7章 打造属于自己的私域流量池 118
7.1 打造个人品牌一定要做社群营销 119
7.2 构建百万社群私域流量池 120
7.3 从0开始，如何"借"出大量粉丝群 124
7.4 让粉丝倍数级裂变 127
7.5 让裂变的客户留存在流量池 130
  案例1：微信群里的裂变 132
  案例2：戳中痛点，才能够为后期的社群营销铺路架桥 133

第8章 具体渠道获取流量的方法 136
8.1 通过微信群获取流量 136
8.2 打造高价值的朋友圈私域流量 139
8.3 通过头条号获取流量 141
8.4 通过百度矩阵获取流量 144
8.5 利用抖音挖掘粉丝价值 149
  案例1：各行各业获取流量的方式不同，但模式都相同 152
  案例2：通过百度矩阵一步步提升个人品牌，成为精准领域的专家 153

第四部分　个人IP打造的变现体系

第9章　变现模式 157
9.1 IP变现轻模式 157
9.2 短视频直播带货变现 164
案例1：短视频变现的一些成功案例，或许下一个会是你！ 168
案例2：短视频直播带货，现在上车还来得及吗? 169

结语：个人品牌打造，是一个长期的过程 173

第一部分

个人IP基础介绍

第1章

每个人都是自品牌

在人人都是品牌的时代，我们需要知道个人品牌的概念。

个人品牌，是指个人拥有的外在形象和内在涵养所传递的独特、鲜明、确定、易被感知的信息集合体，能够展现足以引起群体消费认知或消费模式改变的力量，具有整体性、长期性、稳定性等特性。

简单来说，个人品牌就是每个人给别人留下的整体印象，这一印象要具有核心价值、外表形象和文化特质三个维度。我们在评价一个人的时候，往往也会从这三个维度进行评价。因此，打造个人品牌的前提是将自己当作一件"商品"，挖掘自身最具价值的一面，展现出三个维度的可评价性。

1.1 打造个人品牌是时代发展的要求

个人品牌可能是一个比较抽象的概念，举几个例子。

当我们想起乔布斯，会想到苹果手机。

这就是个人品牌，当我们想到、看到一个人的时候，就会出现对他们不同的定义和评价。

下面，我们分维度来分解一下。

首先，核心价值。

对于乔布斯来说，想到他，首先想到的是苹果手机，所以，苹果手机就是乔布斯作为一个个人品牌的核心价值。

其次，外表形象。

当想到乔布斯，会浮现出他的穿着打扮以及神情神态，比如黑色T恤和牛仔裤、消瘦的脸庞以及深邃的目光。

最后，文化特质。

乔布斯的文化特质就是极为专注、极其崇尚简洁，对工作要求极高。

一个成功的个人品牌打造者，在这三个维度上都有所展现。乔布斯是众所周知的知名人物，实际上，在生活中，我们的周围能够在某领域里打造出个人品牌的人，同样具有这三方面的特点。

举个例子，生活在上海的设计师陆先生。

陆先生是一位平面设计师，同时，他还具备不少其他技能，比如写文案、写广告脚本等，他写出来的文案、广告脚本堪称专业水平。但是，在他所有朋友、同事、客户心目中，陆先生的核心价值就是做平面设计，这是因为相较于文案、广告脚本的写作，陆先生在平面设计方面的成绩更显著。

一说到陆先生，他身边的人都会想到：

· 核心价值：能够做出优秀的平面设计，为世界500强公司做设计。

· 外表形象：穿着随意，常年以棉麻质地为主，戴着眼镜，非常斯文。

· 文化特质：对设计稿精益求精，性格随和，值得信赖。

这是陆先生在自我打造个人品牌之后，大家对他的认识。实际上，在两年前，陆先生还只是一名普通且不知名的平面设计师。那时候，陆先生看似有很多"路"可以选，比如，他的平面设计做得不错，可以为一些公司做平面设计；他的文案写得不错，也总是为一些公司提供文案供稿；他的广告脚本写得也算精彩，于是在几家广告公司兼职写脚本。

但是，陆先生虽然"多才多艺"，却没有一样"出类拔萃"，那时候包括陆先生的朋友都会问他："你最近做什么呢？"

除此之外，陆先生虽然身兼数职，却并没有赚到多少钱。这一点也很好解释，名气大的平面设计师单幅作品的费用自然要高于籍籍无名的平面设计师。陆先生想要改变，所以，他开始给自己重新定位，不要身兼数职，而是先要针对一项技能进行"攻坚"。

就这样，陆先生将自己慢慢打造成平面设计领域里的一位知名人物，单幅平面设计作品的费用比之前身兼数职赚得的都多。但是，陆先生并没有放弃文案及广告脚本的撰写工作，只不过将这两项弱化，有计划、有策略地塑造了自己的品牌，不断提升自己的核心竞争力，将自己当作一件商品来打造。最终，成就了良好的个人品牌。

为什么说打造品牌是这个时代发展的要求？因为这个时代更看重个人品牌。

网上有个段子：

传统企业做10亿元的生意，需要1000人；

电商企业做10亿元的生意，需要100人；

网红企业做10亿元的生意，只需要10人。

网红（网络红人）是什么？归根结底就是打造出来的个人品牌。

上面段子说得有点夸张，但也反映了当前商业的一个特点：个人IP（个人品牌）的崛起，在加速赋能企业。

举个例子，格力空调在外观、技术方面和其他品牌的空调可能不相上下，但是，为什么近年来大家选空调首选"格力"？

因为格力空调有董明珠。

当把格力空调和其他品牌的空调放在一起，对于用户来说，给其他品牌代言的明星不一定记得住，但是，格力空调的代言人董明珠和那一句"好空调格力造"，简直就是"深入人心"。

同样，为什么小米手机经历了中外手机市场的起起伏伏后，仍拥有深厚的受众群，究其原因，与小米手机质量好、价格便宜等有关系。但不可否认雷军的存在，给小米赋能，让小米拥有更忠诚的用户，具有更大的发展空间。

这就是个人品牌为企业带来的巨大赋能效应，董明珠和雷军都是优秀的企业家，那么，作为普通人的我们，是否也能够如他们一般，打造出影响企业、影响品牌、影响行业的个人品牌呢？

个人品牌的概念是近年来出现的，但是，打造个人品牌却不是一个新鲜事物。

其早在三十年前就已经出现，只是小范围流行，没有形成概念与规模。

第一阶段，学历阶段。

三四十年前，只要有好的学历，就能够进入不错的单位，有不错的收入，还能分到房子。这其实就是个人品牌最早的表现形态，这时个人品牌的核心价值是高学历。

第二阶段，能力阶段。

一二十年前，大家都开始以能力为标的。只要个人能力强，能够为企业创造价值，就会被重用，甚至被众人所仰慕。这时个人品牌的核心价值是能力。

第三阶段，自媒体阶段。

大概五年之前，开始出现个人品牌，可以说个人品牌是伴随着自媒体而来。提到自媒体，我们首先想到的就是微信公众号培养起来的一批大V（拥有众多粉丝的用户），以及微博滋养起来的一批大V，拥有百万粉丝的他们，不仅知名度高，而且也有着丰厚的收入。

第四阶段，网红阶段。

近两年，随着短视频平台等多个平台的出现，网红层出不穷。粉丝数量百万、千万的大网红们，可能不具备高学历，也没有为企业创造价值的能力，甚至还不及自媒体运营者有出口成章的写作能力。但是，他们有一个特点就是善于通过移动互联网提升自己的影响力，将自己的特点放大几十倍甚至几百倍，从而吸引到很多喜欢他的受众。

现在，在国家严格控制与审核之下，网红阶段也在发生质的改变，有能力、有才艺、有技能的人正慢慢取代很多低俗的网红。

受众已经开始习惯网红阶段，接下来就看谁能够跟得上个人品牌打造的节奏，将自己的特点放大，让自己成为专业领域、细分赛道中的佼佼者。由此可见，想要得到更好的个人发展，就需要打造个人品牌，那你还等待什么呢？

下面简单总结一下打造个人品牌的四个能力，后面的章节会具体阐述如何打造个人品牌。

第一，品牌塑造能力。

品牌的本质是什么？是提供差异化的价值。

你需要先问一下自己："我能为别人提供什么价值？"

这个问题，许多人可能从来没有想过。如果你已经决定打造自己的个人品牌，建议你去思考一下：

① 你最擅长的领域是什么？

② 你跟其他人相比，最具竞争力的特点是什么？

③ 有没有一种需求，能跟你的领域建立连接？

你的答案，就是你能够给别人提供的价值。

第二，认知思维能力。

想要打造自己的个人品牌，就需要从思维上改变。比如，我们习惯了别人告诉我们"做什么"，但是，个人品牌打造过程中，你需要抛弃这样的想法，而是去思考"我该怎么做？"

在个人品牌时代，要想在细分领域成为专家，你就必须比你的客户更专业。

第三，自我管理能力。

你需要管理你的时间、工作、情绪等。比如：

你必须一个人管理整个项目，从立项，到规划，到执行，到收尾；

你必须自己去接触客户，协调沟通，争取他们的满意；

你必须自己去处理资源，整合资源，运用资源；

你必须学会如何高效地利用时间，提高单位时间产出，维持足够的现金流。

简而言之，想要打造个人品牌，必须学会一件事：把你自己当成一个公司来经营。

第四，深度学习能力。

如今的时代，在一个领域成为专家并不难。难的是，持续地保持在这个领域的深度。

我们所处的这个时代，所有事物发展的速度都超乎我们的想象。能够决定你地位的不再是保持现有水平，而是你能否时刻更新资讯，完善和补充知识体系，成为信息的中枢节点，持续用知识创造价值等。

所以，你需要深度学习，以此提升和完善自己的知识储备，有效维持个人品牌的人设。

●●●●●● 小结 ●●●●●●

当打造个人品牌成为时代发展需求时，就应该顺应时代发展。即使我们并不想成为一名网红，也需要打造个人品牌。个人品牌的树立可以为我们带来更多的收入和更多的尊重。

如果你不知道该如何给自己定位，可以按照本节讲的核心价值、外表形象、文化特质三点，把自己擅长的内容写下来，制作出一个表格。这样，就能清楚地体现出，你需要突出自己的哪些优势，同时要在哪些方面提升、改善自己。

有计划地打造自己的个人品牌，让自己成为所擅长领域中的个人大IP，是IP变现的第一步。

1.2 99%的人不理解的个人品牌核心内涵

很多人对打造个人品牌具有误会，其中误会最大的三点如下。

误会一：很多人是通过文案、宣传让用户前来买货，并不是靠着自己传达给受众的信任感让用户主动买货。这不是个人品牌，而是宣传营销做得不错。而且，很多人觉得个人品牌的最终"归宿"是带货（明星等公众人物对商品的带动销售），有些狭隘了。

误会二：用文字去塑造自己。很多人在个人介绍、个人签名中总喜欢用"第一""最佳"等字眼，这些广告禁用的词频频出现在个人宣传中，但是，过分夸大的标签和自我介绍，不是打造个人品牌，而是"虚假"销售的宣传。

误会三：以为拍摄图片、塑造案例就是打造个人品牌的核心。实际上，想要获得用户信赖，塑造案例反而是一个不恰当的行为。其实，时间久了，受众看重的是一份真诚。

了解误区是让自己不要进入误区，接下来讲解一下个人品牌的内涵。

首先，打造个人品牌有利于增强本人在行业中的竞争力。如何理解呢？先举一个例子。

小甲和小乙在同一个家装市场卖家装类产品。小甲是某一款品牌油漆的代理商，他非常努力地通过各个渠道宣传产品。但是，有一天，小甲代理的这款品牌油漆被检测出甲醛超标并被新闻报道。

甲醛超标就表示产品有毒有害，而小甲因为代理该品牌，并且长期在朋友圈宣传该品牌产品，致使品牌出现问题时，小甲的口碑也随之"崩塌"。

小甲虽然在朋友圈解释自己并不知情，但大家评价他的时候，却口径一致：

"做了××品牌这么多年，怎么可能一点不知道？"

"这些年倒是赚了钱了，良心不会痛吗？"

"想要买家装材料可别去他那儿，宁可买贵一点，也别拿健康不当回事儿。"

小乙也销售这个品牌的油漆产品，但是在平时，小乙喜欢在朋友圈和各类平台发表一些与家装相关的文章、视频，比如家装油漆怎么选、家装室内走线要注意什么，等等。他把自己打造成了家装领域的专家。

当该品牌油漆出现问题时，小乙不仅没有受到影响，反而增加了很多新用户，因为很多人慕名关注他的账号，一方面看他发的内容，另一方面把他当作家装专家咨询家装事宜。

这个例子说明，当我们从事销售或者其他工作时，如果能够打造自己的个人品牌，就不要只把产品、品牌放在第一位。

① 当你对产品并不知根知底，如果把产品、品牌放在第一位，一旦产品、品牌出现问题，你的口碑也会随之"坍塌"。

② 现在是多元化选择时代，消费者在选择产品的时候喜欢货比三家，同类产品也要货比几个品牌。如果经销的品牌过多，消费者会觉得你不专业；如果出售的品牌单一，消费者的需求你可能无法满足。但是，当你的个人品牌打造出来后，你推荐的产品，消费者会更加信任。

③ 如果你是一名销售人员，想让更多的客户购买你们公司的产品，只打造公司品牌是不够的。购买产品的客户一方面看产品，另一方面看服务，最后还要看销售人员个人。不夸张地说，凡是销售业绩很好的销售人员，都具有某种让人喜欢的特质，或是令人信服，或是讨人喜欢，或是有较强的专业能力。

那么，个人品牌的核心内涵到底是什么呢？

个人品牌的核心内涵是知识体系，就是在某一个领域中构建出一套逻辑化、系统化、能够解决问题的方法论。要满足以下三点要求：

第一，在某一个细分领域具有较强的专业水准；

第二，凭借知识和能力能够解决该细分领域中的一些问题；

第三，这样的知识和能力可以作为标准或体系影响更多的人。

从乔布斯到董明珠，他们都具有自己的个人品牌核心内涵。个人品牌的核心，不是自封、贴标签、标榜第一，而是通过自己所展现出来的知识、才华、能力，让更多的人去认同。大家认同的不是标签，而是对个人所展现出来的各种优秀特质的认同。

没有人认同，就算不上品牌。

在众多主持人中，撒贝宁深受大家喜欢。一开始，撒贝宁是贴着标签的——《今日说法》主持人。慢慢地，标签换成了"央视主持人"。后来，再在各类节目比如《明星大侦探》中看到他的时候，他就是"撒贝宁"。当他的名字成为个人品牌，观众不是因为某个节目去看撒贝宁，而是因为有撒贝宁所以去看某个节目。这就是个人品牌的魅力。

举一个普通人的例子。做婚庆主持的老李，没有电视台那么高大上的平台，就在一座三线城市接活儿，却打造出了自己的个人品牌。

老李最开始做婚庆主持人是边开出租车边接活儿。凭借着极具幽默感的主持特色，也就两三年的工夫，老李在这座三线城市打出了口碑，出场费从一场不足五百，到现在的五位数，而且需要排队预约。

可见，最有效的传播方式还是口碑相传。老李虽然"半路出家"，但是他认真对待每一场婚礼，只要请了他，他就全力以赴。如今，很多要结婚的新人给婚庆公司提的第一点要求就是希望老李来主持，费用高点没关系。在这座三线城市，老李在婚庆主持领域已经成了明星品牌。

个人品牌的打造未必一开始就是轰动全国或者轰动整个行业的，就像雷军、董明珠这样的个人品牌，在他们被大众认可之前，已经在自己的领域打造出了个人品牌。个人品牌就像滚雪球，开始仅在非常细分的领域被众人认可，到最后被行业认可，甚至超越行业，被更多人认可。

有的人可能会说，婚庆主持人只要主持得好，基本都能口碑相传，但是，普通的职场人哪有露脸的机会和平台。

阿辉大学毕业后，进入一家公司成为一名小职员，他是做人力资源的，工作不算忙，工资也不算高。业余时间，阿辉有一个爱好——看电影。

一次，他偶然看到一个电影解说的视频，看完之后，觉得对方讲解得很一般，阅片无数的阿辉也想小试牛刀。于是，阿辉做了几个电影解说的小视频发布在该平台上，一个星期更新一期，从电影解说的脚本到影片的剪辑都是自己做。不到半年的时间，在该平台上，阿辉解说电影的视频每一个观看量都是10万以上，粉丝超过15万。

大概做了一年半，阿辉的粉丝超过60万。然后，阿辉开始在电影解说视频的结尾放广告：关注阿辉的公众号，就可以免费学习电影解说短视频制作课程。就这样，阿辉将公域流量的大部分粉丝导流到自己的私域流量，而制作的视频课程，入门级免费，想要更完整地制作出高品质视频就需要报名售价9.9元的进阶课程加以学习。

阿辉把自己的爱好发展成为兴趣，并且通过这一兴趣为自己打造出个人品牌，进而一步步实现了个人品牌变现。

在各行各业中，最需要做好个人品牌的职业之一就是销售。如果一名销售有着让客户认可的身份，那么他的客户可能就会源源不断。

王姐进入保险业的时候可以说是"一穷二白"。但是，经过两三年的时间，王姐就从一个底层保险代理人成长为带领三十多人团队的主任级别保险人，她的客户可以说是倍速裂变，老客户推荐新客户，新客户购买之后成为老客户，然后再推荐新的客户。别人对她的印象就是：专业、靠谱、实在。

这就是她为自己打造的个人品牌，当更多的新老客户认可她、信任她之后，她通过个人品牌拿到更多的业务。这是一个良性循环。

如果想打造个人品牌，不要一开始就定位于全国都要知道、在整个行业做到第一。把自己打造成一个大IP当然可以作为目标，但不是起步时的目标。

······ **小结** ······

做什么事都要理解核心，就像我们打造个人品牌，做一百件表面的事情，不如做一件直指核心的事情。拍一百张摆拍的照片放在朋友圈是没有用的,这不是打造个人品牌,只是在标榜自己,给自己贴标签。

真正的个人品牌需要自己之外的人给予认同。这份认同源于三个点:

① 你在某一领域足够厉害,具有较同领域其他人更高的水准;

② 你所说的话、所做的事,能够给别人带来实际的帮助;

③ 你正在做的事情影响着身边的人和事。

一般情况下,一个人做项目或者选择做事情有三个选择段位:

- 青铜段位,做当下赚钱的事情;
- 铂金段位,做难而正确的事情;
- 王者段位,做难而正确且有复利的事情。

或许我们一生都无法成为影响世界的苏格拉底,无法成为影响全球投资者的巴菲特,也不会变成任正非、雷军这样的大企业家,但是,我们能够从自己擅长的地方入手,成为小领域中的个人品牌。打造个人品牌是看起来难而正确且有复利的事情,随着时间的推移,你会长期享受个人品牌带来的巨大收获!

1.3 要成为细分领域头部

打造个人品牌时,切忌想让所有人都喜欢你,你只需要在细分领域吸引那些关注这一领域的用户,让这些用户成为你的粉丝。

我国经济快速发展了四十多年,给我们每个人都带来巨大的机会。但是,在当下的后流量时代,人口红利、流量红利似乎已经被消耗殆尽,接下来该怎么办?

拿生活中最基础的一件事——拍照举例。

之前朋友经历的一件事让笔者感触很深。这是一位经济非常独立的女性朋友。她决定带着女儿照相，地点在故宫，类型是古装照。一个人一次拍三套衣服是六千元，一大一小一共六套衣服，平时一万两千元钱的拍摄套系，团购活动价一万元人民币。朋友很开心，而且，拍得也非常好。分享在朋友圈的照片被很多人询问，朋友就介绍了这家摄影工作室。

这家摄影工作室的规模并不大，加起来总共十几个人，老板就是为朋友拍照的摄影师，主要以古装拍摄为主。这家摄影工作室不在北京或者周边城市，而是位于横店。但是，每年的每个季度都会到故宫拍摄，工作室的十几个员工分为两组，一组留在横店为一些游客进行拍摄，另一组就通过微信群团购活动，根据参加活动的人数，由老板带队到北京进行拍摄。

这家摄影工作室虽然很小，但是因为具有地理优势，在横店附近，所以拍摄过很多电影电视剧的剧照，对于古装摄影非常有经验。所以，每次北京团购都会有很多人报名，工作人员在北京工作大概7～10天，每天都要进入故宫拍摄。每次拍摄最多三位客户，比如上午拍摄三位，下午再拍摄三位。

一个三件衣服的套系就要六千元，说实话，价格也不算低，为什么能够吸引来这么多客户？甚至有的客户为了参加团购活动，在拍摄前两天自己先行到达北京。和笔者朋友一起拍摄的一位五十岁左右的客户就是从沈阳特意飞过来的。

原因很简单，这个工作室在古装摄影圈里有着不错的口碑，其老板同样是一位优秀的摄影师，这位摄影师为自己打造出来的个人品牌十分亮眼：

① 摄影师曾和众多在横店拍摄古装剧的国内一线明星合影；

② 摄影师拍摄过近千部古装剧剧照；

③ 摄影师的百度百科一看就让人觉得很专业。

不仅如此，整个工作室相较于其他以古装拍摄为主题的摄影工作室，具有以下特点。

① 服装精细，据说一套明朝皇后的服装价格就上万，做工精良。

② 妆容美，几乎每一个参加过他们家拍摄的客户都特别满意，拍完立即看原片就已觉得十分满意，修后的照片更美。

③ 服务到位，虽然工作人员也是不远千里从横店开车一路到北京，但是，对团购客户的服务非常细致，无微不至。

④ 专业，拍古装的摄影工作室很多，价格不等，便宜的拍一套衣服只需要几百元，贵的拍一套衣服就需要上万元。笔者朋友说选择这一家，就是觉得特别专业。到北京故宫，摄影师要求工作室员工只带明朝和清朝的服装，和整个故宫所展现出来的历史底蕴及气质相吻合。

可以说，这位摄影师真的做到了在细分领域还要细分的程度，也就不难理解为什么很多人都选择他们家。有的客户为了迎合摄影师的时间，不惜重新规划自己的时间。

近几年，摄影市场可以说举步维艰。一些规模比较大的、比较知名的摄影机构都经营艰难，毕竟对于拍照片这件事来说，人口红利正在消失。但是，对于摄影而言，最大的红利却在细分市场。每一个行业都有不计其数的细分市场，抓住任何一个，都有可能事业有成。

通过细分市场来获取更多人口红利、流量红利的除了摄影行业，还有健身行业。健身可细分为瘦腿、瘦腰、美臂、美背、练马甲线等，连跑步这么常见的运动项目都有很多专家。越是细分化，受众越觉得专业，跟着学习的意愿就越强。

深圳有一家瑜伽馆，普普通通没什么名气，内容和所有瑜伽馆一样，开设团课和私教课，但是经营得非常惨淡，每个月入不敷出。瑜伽馆老板决定调整定位，用自己最擅长的"美臀"瑜伽作主要课程。结果，自从将瑜伽馆的课程精细化之后，报名的学员多了起来，整个瑜伽馆竟然凭借着单一课程起死回生了。

为什么专注细分领域会更容易让自己成为专家或者让自己成为领域第一呢？因为专注细分领域会将全部精力都聚焦在一个点。比如，一家火锅店如果火锅和烤肉都卖，很容易火锅做不好，烤肉也一般，但如果是单一的火锅店或者烤肉店，人气就会比较旺，因为大家觉得更专业。

在细分领域不一定要争第一，而是要争认同感。

打造个人品牌就是为了能够得到更多人的认同。例如，某个设计大赛评出了第一名和第二名，很多人觉得大家都会记得第一名，谁会记得第二名呢？但实际上，如果第二名是一个很会打造个人品牌的人，而第一名在这方面并没有下功夫，时间久了，市场和资本会越来越倾向于更会打造个人品牌的第二名。

普通人想要打造个人品牌需要在自己擅长的领域找到切入点，争取成为细分领域的头部。其实，只需要保持在头部就可以了，因为很多时候细分领域分不出第一名、第二名。

拿婚庆主持人老李来说，"半路出家"的老李在他所生活的三线城市已经很厉害，是出场费五位数的婚庆主持。但是，一座三线城市大概有三四百万居住人口，不可能所有人都要老李来主持。

首先，老李的费用太高，一些普通家庭可能无力承担，所以，在几千块钱就能请到的婚庆主持人中有没有拔尖的呢？肯定有，那么，他也算是这一细分再细分领域里的"头雁"。

其次，老李的主持风格不是所有人都喜欢的，那么不喜欢幽默喜欢煽情的客户会选择主持风格更煽情的婚庆主持人，在这一细分的领域里，是不是也有一个"老李"？肯定会有。所以，不管是此老李还是彼老李，都是这座三线城市婚庆主持领域的"头部"，同样打造出了影响很多人的个人品牌。

最后，幽默风格的老李和煽情风格的老李能够排名吗？不能！实际上，打造个人品牌，在一些领域就是靠自己身上的"标签"，而非所谓的名次。

一个人在自己擅长的领域里精耕细作就能够获得不错的成绩，我们虽然在打造个人品牌，但也要清楚地认识一点，再厉害的人也不会被所有人喜爱。你只需要吸引那些喜欢你、关注你的人，如果他们越来越认同你的产品、你的理念、你的知识体系，你的才华、能力、知识也影响了他们，就算是打造出了只属于你的个人品牌。此外，就算是大多数人都喜欢的个人品牌，也照样有小部分人不喜欢。你的个人品牌到最后能够影响到更多喜欢你的受众、喜欢你作品的甲方，就足够了。

●●●●●●● 小结 ●●●●●●●

不要想将所有人俘获，你的个人品牌只会影响关注你、喜欢你、信任你的人。巴菲特是股神，但是，在投资市场上，很多人对巴菲特不屑一顾，反而更忠于索罗斯的投资理念。所以，想要打造个人品牌，先要摆正心态。

在细分领域打造个人品牌的时候要注意：

① 细分领域一定是你擅长的领域，毕竟干自己擅长的事情，事半功倍。

② 你所在的细分领域一定是对更多人有帮助的领域，而不是毫无意义的细分领域。例如，你可以是一个慢跑领域的个人品牌，大家说到你都会想请教一些关于慢跑的知识，甚至想要听你的课程；如果是打响指领域呢？或许没有人会有兴趣问你什么，毕竟，打响指这件事不仅没用而且做多了容易手指头生病。

③ 你所提出的方法能够解决一些问题，这些方法能够成为这一领域中的标准或者参考。

④ 细分领域的范围可能是非常小众的领域，所以在经营个人品牌的时候，

不要着急，只要扎实打造好个人品牌，你就像一道光，总会吸引来需要光的人们。

>>> 案例1：24岁毕业时月入三千元，1年后首付买下人生第一套房

这是一个普通人的案例，他做的事情或许现在很多人也在做。

小磊大学毕业后进入一家公司，薪资不高，一个月只有三千元。对于小磊来说，这些钱太少了，但是，刚刚毕业的他也没有更好的就业机会，只能将自己打造成现在最流行的"斜杠青年"。

小磊一边上班，一边在业余时间画着漫画。有点像《明朝那些事》的作者"当年明月"一样，有着一份固定的工作，闲暇时间自己在博客上写文章，结果被编辑发现之后出版了一系列的书。小磊喜欢投资理财，所以喜欢画投资理财方向的漫画。他把漫画发在自己的公众号上，粉丝慢慢就多了起来，而且，还被一些金融公司邀约画相关的漫画。

直到有一天，一直合作的一家金融公司老板特意邀请小磊去自己的公司，原因是，他们出的宣传册都是由小磊完成的，希望小磊能帮着自己出一本漫画财经。小磊画得十分用心，这本书出版之后竟然大卖，而且市场评价特别高。小磊也被这家老板看上，但是这个老板并没有直接聘用小磊进入公司，而是投资他。

小磊辞去了月薪三千元的工作，开始专心研究漫画财经系列，从简单的"P2P避坑指南"慢慢到了复杂的A股市场分析，他都用有趣而易懂的漫画形式呈现。就这样，小磊在老板的投资下组建了自己的漫

画工作室。一年多之后，小磊就挣出了在一线城市买下一套房子的首付款。

对于一个年轻人来说，小磊的成功看似偶然，实际上是他多年积累的结果，总结为以下三点。

① 一直没有放弃爱好，并且通过微信公众号等平台展现自己的才能。

② 在财经漫画这个垂直领域开始得比较早，很多有需求的客户都是先被他的公众号吸引，慢慢成为他的客户。

③ 一直在细分领域耕耘，让自己在这一细分领域成为"头雁"，打出了自己的招牌，创办了自己的品牌。

≫ 案例2：她靠着写网络小说，年入百万

网络小说写手的稿费是非常低的，笔者曾经进入一个豆瓣的网络小说群，发现每千字10元招网络小说写手的比比皆是。但是，竟然有的网络小说作者可以年入百万。她是怎么做到的呢？

小A一开始写小说只是因为感兴趣，那时候很多网络小说平台都在签约网络作者，她担心自己签约之后，兴趣就变成了负担，于是没有签约。小A一直坚持更新，她的内容写得很好，阅读量越来越大。

随后，她直接将自己的小说和在平台上的阅读量以及评论都截图下来，打包成资料发给出版社编辑。没错，她开始主动出击，她觉得

平台对作者们的要求太苛刻,所以,一直拖着不愿意签约,但不代表她不想要自己的作品出版。

在看到自己的作品阅读量达到几百万、粉丝数量噌噌上涨的时候,她决定给自己加码。出版社编辑很欣赏她的作品,于是这个小说在平台上就停止更新,等待出版。紧接着,小A在平台上又开始编写另一个新的小说。

好的作品总会被发现,小A的小说出版之后,被影视公司看中,进而买了版权决定拍摄成网剧。当别的网络小说写手还在每千字10元的深潭里苦苦挣扎的时候,小A已经实现了年入百万。

可喜的是,小A的第二本小说,刚写了三分之一就被出版社预订下来,她本人也辞职专门从事小说写作,并且借着自己的资源创办了一个小小的工作室,招聘专职小说作者进行小说创作。

这位曾经在某个大型小说平台辛苦耕耘的自由写手,凭借着自己产出的优质作品,以及善于打造个人品牌的能力,让自己从众多网络写手中脱颖而出,成了一名颇有名气的小说作家。她的工作室出品的小说,有三分之一能搬上荧幕。

每个行业都有很多拔尖的人。在小说写作这个垂直领域,小A只是头部中的一员,有的人虽然和她能力差不多,但却没有她这样的规划,导致自己没有办法做出这样靠着网络小说年入百万的成绩。

我们总结一下她的成功之道:

① 坚持自己的原则,不随波逐流,不贪图小利。

② 坚持创作好作品,只有好作品才是自己打造个人品牌的底气。

③ 直接绕过"中介"与出版社接触,勇气可嘉,也体现了她的韧性。

当年J.K.罗琳写的《哈利·波特》投了很多家出版社,才终于遇到一个懂她的编辑,成功地将《哈利·波特》出版,成为一代经典。

不管做什么,持之以恒和坚持不懈的态度,最终会让你迈过一道又一道的关卡,成为更好的自己。

第2章

个人品牌变现的途径

打造个人品牌的最终目的是什么？

对于普通人来说，希望通过个人品牌为自己带来更大的效益。比如，销售人员希望自己的个人品牌吸引更多新老客户；设计人员希望自己的作品卖出更好的价格，并且能够得到更多甲方的青睐；知识领域的个人品牌博主，除了传播自己的观点、方法论、知识体系之外，也希望通过授课等方式让自己实现各种自由。

所以，个人品牌另外一个重要的点就是变现，这一章就来讲一讲个人品牌变现的途径。当你知道个人品牌能够多途径变现，是不是觉得打造个人品牌过程中所有的困难都是可以克服的呢？

2.1 有人愿意为成长买单

个人品牌为什么能变现？是因为，有的人会买走你打造出来的产品，也有的人会为自己的情绪、成长等花钱。

20年前，不会有普通人为了搭配一身衣服而付费，但是，近几年，新兴的职业里有那么一个职业专门为别人搭配衣服鞋帽首饰，并以此赚取不菲的服务费用，被称作"服装搭配师"。

由此可见，现在很多人愿意为自己的"美"花钱。和这个概念相似，有的人会为自己的坏情绪花钱，所以诞生了"出气筒"这个职业，收取一个小时几百到几千不等的费用，对于一些不能将个人情绪随意发泄而且不缺钱的客户来说，钱是小事，能把自己心中的怒火怨气撒出去才是大事。

现在的职业五花八门，但是从根本上来说，就两个字——服务。

笔者有一位熟悉的情感作家王老师，她出版了很多脍炙人口的情感类书籍，然后又考取了国家心理咨询师的证书，从一个情感作家转身成为情感咨询师。王老师有意识地打造自己的个人品牌，现在，她已经拥有了自己的工作室，并且拥有上百万的粉丝。

实际上，在十多年前写情感书籍的时候，很少有人会愿意将自己的婚姻生活、感情生活公开与他人交流。但是，近几年，很多粉丝纷纷掏钱上王老师的情感课程，有些粉丝还会预约她的一对一情感咨询活动，几百块钱一个小时的情感咨询，近期的名额都已经排满。

很多人正在为自己的行为、情绪、感情甚至是兴趣买单。有一位在知乎上很有名气的姑娘，和她私聊是要付费的，她能够给你做职业规划，能够纾解你的困惑情感。这位姑娘是90后，明明一个小时299元的收费不算便宜，但却有很多人在聊完之后，付钱给她还要说一声感谢。因为，整个聊天过程让对方感到舒适，感到受益匪浅。

上面举的例子，帮人穿衣搭配能赚钱、做个"出气筒"能赚钱、开办情感咨询能赚钱，甚至陪人聊天都能赚钱。可是，当你仔细去揣摩这些案例，会发现一个特点，那就是这些能够从奇怪的渠道赚钱的人们在这一行里很有名气。

没错，打造出了个人品牌，变现途径就多了。说句实话，穿搭谁不会呢？但是，为什么只有少数的人能够通过这一行赚到很多钱？就是因为她们在前期积累了自己的人气，打造了自己的品牌。

前文提到的90后姑娘，她在知乎上的文章动不动就有上百万的阅读量，评论都上万，大家都觉得她是一个正能量传播者，很多人看了她的文章会感觉心情很好，充满动力。所以，愿意花钱跟她聊天，却不会花钱找别人聊天。每个人都会为自己的成长买单，不管是哪方面的成长，知识、才能甚至是情绪，只要他感觉自己受益匪浅，得到了令自己满意的结果，他就会为此买单。

既然这么多人愿意买单，那么，已经打造出个人品牌的你，又该从哪些渠道"收款"呢？

第一，做内容。

通过内容，靠着你的个人品牌和流量进行变现，比较常用的就是文章、视频、出书等模式。不管是写文章还是做视频，都要依附于一个自媒体平台，比如今日头条、百家号、企鹅号、微信公众号、知乎、抖音、快手等，就是能够发布内容的平台。

当你产出内容的阅读量越高，你能够获得的收益也就越大。互联网时代给很多人创造了传播自己、塑造自己的机会，前提是需要你做出好的内容，有一点"英雄不问出身"的意思。只要你成一个品牌，你的文章或视频得到了很多人的认可，就像滚雪球一样，你的口碑和个人品牌也会越来越知名。

只要踏踏实实地产出原创好内容，打造自己的个人品牌就不难。而且，每个平台都会对优秀的内容创造者给予不同的奖励，当你成了一个品牌，你赚取收益的渠道也不再局限于好内容的阅读量和流量产生的收益，平台也会给你收益。

总的来说，靠内容变现就是要创作有价值的、能得到别人喜欢并认可的内容，靠流量、平台奖励去获得变现。

第二，做产品。

简单地说，就是带货，可以是线上的，也可以是线下的，通过个人品牌将自己代理的产品卖给粉丝和有需求的客户进行变现。

举个例子。经济学这一类的书籍，很多人都看不懂，厚厚的一本书对于大多数人，尤其是非经济学专业出身的人，基本上能看完三分之一就已经很厉害了。但是，薛兆丰教授拿着自己的书做客直播间，用了十几分钟卖完了5000本《经济学讲义》。

其中很多的购买者是为自己的喜欢买单，他们喜欢薛教授的言谈举止，把薛教授当作自己的偶像。买书的人有的是买来读，有的是买来收藏，有的是为知识买单，有的是为自己的偶像买单，有的甚至是为自己能够参与其中的气氛买单。

现在线上带货比较火，而且其热度还会持续，但更加有规则，更加健康。想要通过个人品牌直播带货的主播，一定要遵守规则、遵守制度，粉丝是一点点积累的，不要急功近利，得不偿失。

第三，做咨询。

常见的咨询方式是付费课程和一对一咨询。付费课程走的是量，内容对大家普遍适用。一对一咨询费用较高，整个咨询过程中的方案、方法属于为客户私人定制。

做咨询需要有专业的水平。比如，同样是情感咨询，大家都会选择有国家心理咨询师证书的人员去做咨询，没有专业资格证的咨询师，相对来说就让人觉得不够专业。做咨询，首先要求"打铁还需自身硬"。

第四，接广告。

如果你的个人品牌能引来足够多的流量，广告也会接踵而来。下面总结一些广告报价供大家参考。

① 短文。字数一般为300~600字，推荐或者介绍一款甲方提供的产品或服务，一般收费在300~1000元不等，需要根据你的粉丝数量以及个人品牌度而定。

② 长图文。专门为甲方的产品写一篇图文进行介绍，详细说明产品优势、利益，并提供明确的购买链接。收费根据你的文章的阅读量来确定，一般一次阅读1元左右，比如你的文章有1万的阅读量，你的广告报价就是1万元。

不管哪种方式，有一点是相同的，即领域要垂直，否则你无法强化你的个人品牌，更无法吸引更多甲方的关注。

第五，做社群。

社群与以上几种方式相同的是，表现形式可以是内容、产品或者咨询；不同的是，社群是在粉丝数量不多的情况下以个人品牌为标的，吸引粉丝去购买你的产品、内容等。

简单来说，你是一个群的群主，把这个群维护得非常好，群里全是志趣相投的人们，大家和谐、和睦，为了共同的目标或同一件事而努力，所以，喜好、努力方向以及讨论内容都是一致的。比如，一个正规的投资者群，大家讨论的是如何更好地投资赚取收益；一个团购群，大家常做的就是拼团以低价格买入更好的产品。

社群变现有以下4种方式。

① 收取年费。加入社群可收取年费，相应地，群主要把和费用相等甚至物超所值的内容或产品提供给大家。比如，读书群，既然收费了，就要想办法给大家一些福利，市面上难找到的电子书，各平台收费的电子书，在群里可以免费阅读。这样，大家才会觉得年费交得不亏。

② 售卖课程。比如，你管理的是一个写手群，大家都希望写出更好的文章

获取更高的收入，这时候，你可以收费卖课程。但一定要记住，课程必须是干货，能够真正提升群内成员写作水平，如果没有用的话，就会被群起而攻之。

③ 对接服务。还是以写手群为例，作为管理者，如果你手里有甲方资源，就可以做一个中介，把写手介绍给甲方，从中赚取一些费用。除了写手群，很多群都可以用对接服务和资源的方式赚取其中的中介费。

④ 卖产品。之前关注过一个以高档香云纱服装为主要产品的群，管理得非常好，大家也很和谐。群主卖服装，偶尔也会卖一些地方小吃，群员如果有很好的产品也可以卖给群成员，但是要求产品好、价格优，如果被群成员或群主发现产品没有宣传的好，很可能直接被群主踢出去。所以，群主在群里卖产品一定要注意产品质量，不要让自己辛苦管理的群因为蝇头小利就这么散了。

•••••• 小结 ••••••

IP变现是我们打造个人IP的最终目标，或许我们做不到一篇文章接下60万元的广告，但是，一篇文章赚到600块钱，对于打造个人品牌的你来说可能就比较轻松。

在变现渠道中，不管是产品、内容还是咨询，或者社群，都需要谨记以下三点。

① 专业。你的专业程度影响着你所产出的内容是否能够获得更多粉丝、流量。

② 细分领域、垂直领域。领域越垂直，你能够得到的回报越大；范围设定得越宽泛，相对来说就越难达到相应的高度，所以，在选择领域时需要注意精准化、垂直化。

③ 态度。做一件事要认认真真，最忌三天打鱼两天晒网，而且认真的态度可以感染你的粉丝、受众。个人品牌的打造不是一朝一夕之功，需要的是功底

和积累。

综上所述,只要你能够打造出个人品牌,就一定会有用武之地,也一定会带来一定的收益。个人品牌是一点点积累而成的,急于求成往往会让自己"德不配位"。

2.2 个人品牌与私域流量

有这么一句话:流量是一切项目的基础。

这句话看似没错,毕竟现在是流量为王的时代,有流量就有客户,收益直接跟流量挂钩,你能创造多大的流量就能够获取多大的收益。真的是这样吗?

很多想要打造个人品牌的人会碰到以下困扰。

① 手里有项目,但是不会引流。

② 有流量,但是不会变现。

这一节,我们就主要针对这两个问题进行讲解。首先介绍一下互联网赚钱的神仙组合"个人品牌"和"私域流量"的关系。

(1)"个人品牌"与"私域流量"的关系

首先,个人品牌需要依靠私域流量来变现;其次,私域流量要借助个人品牌来进行积累;最后,个人品牌和私域流量实际上是相互利用的关系,缺一不可。

不是所有的个人品牌都会自动变现,先来举个例子。

一位运营了12年,有200多万粉丝的游戏主播在告别视频里说了这样一段话:"我的年纪也不小了,靠着游戏短视频每天收入只有几十块钱,入不敷出,而且因为长期坐在电脑前,现在浑身是病,我才三十多岁,还想多活些年头,所以忍痛告别。"

这段话透露出游戏主播的三个现状:

① 每天收入只有几十块钱；

② 身体不好长期吃药；

③ 才三十多岁，正当拼搏事业的最好年纪。

但是，拥有200多万粉丝的他，因生活所迫、身体所累，不能继续更新视频了，在评论区很多粉丝惊呼："大神，你粉丝那么多，视频播放量那么高，怎么可能一天十几块钱。"

这位游戏主播的视频的确很不错，但他没有将流量转变为私域流量，更没有通过流量变现，才导致最终不得不告别平台。

什么叫作打造私域平台，再举一个例子。小武做视频也有些年头了，他的粉丝只有20多万，但他已经开始寻找通过粉丝变现的渠道。

小武听从别人的建议，给自己打造了一个生活积极向上的阳光男孩的形象，他本人也比较符合这个形象。随后，他将今日头条的粉丝们慢慢导入微信，然后在微信建了一个群，虽然这个群只有100多人，但是，这个100多人的群给他创造了一个月5万元的收益。而在此之前，小武虽有20万粉丝，但只能靠播放流量来获取少量的收益。

微信好友是标准的私域流量，你将在别的渠道建立起来的个人品牌所带来的粉丝导入微信之后，你的私域流量才开始聚集，通过私域流量变现要比在其他平台更容易。

上文中的游戏主播如果能够早点领悟到私域流量，那么，他可以开课程教新手们打游戏，也可以通过私域流量出售游戏装备，甚至可以制作出售视频课程。他有200多万粉丝，但他没能很好地利用起来。

这样一说，大家是不是就明白了，为什么打造个人品牌之后，还需要打造私域流量；同样，有了私域流量为什么一定要建立个人品牌，因为，只有双管齐下，才能实现变现。

（2）有项目，不会引流，怎么办

下面给大家一个思维导图，不同的内容可在相匹配的平台上进行引流。

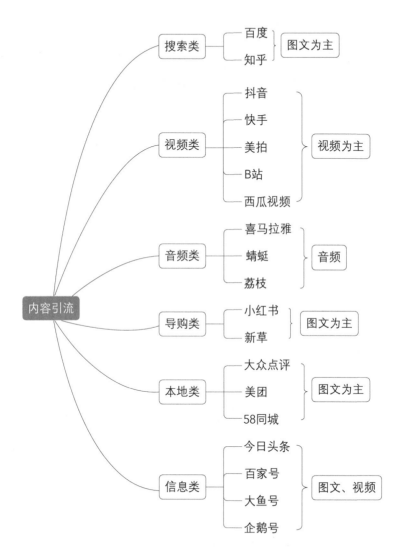

（3）有流量，不会变现，怎么办

下面分享几种变现的思路。

思路一：公开课。

这里要求你的能力特别强，而且别人很想学到你的本事。比如你是撰稿人员，稿件屡屡发表在阅读上百万的公众号上，你的能力就会被很多想要投稿到大公众号赚取稿费的写手所羡慕，也就特别希望跟你学习写作，这样你就可以开公开课。

这个公开课是付费的，因为大家要为知识付费。只要价格公道，大家会乐于付费。

思路二，培训。

和公开课不一样，培训往往是很多节课。比如，实战技巧教会你如何写出不被拒稿的好内容，或者教会你如何在30分钟做好一个播放量过万的小视频，等等，这些都可以作为培训内容。培训课程也是循序渐进，从一节课几元钱、十几元钱，慢慢到一节课上百元钱。

思路三，引流。

将粉丝引流到某个店里购买相关产品，或者是引流到某个企业，等等。比如，游戏解说可以给新出来的游戏引流粉丝，从中赚取收益，也算是个人品牌的变现。

思路四，带货。

有流量就可适当带货，但是一定要注意不要见利就带。带货前要好好地审查产品，好的产品可以提升你的个人品牌，差的产品也能够一下子就把你拉下流量神坛。所以，带货，带好货，永远都是变现不错的思路。

小结

个人品牌和私域流量相辅相成，所以，不能只打造个人品牌，因为个人品牌像是一块牌匾，供大家仰望，而私域流量才是落地。

根据最新自媒体行业统计报告，我国现在有400万全职自媒体人、600万兼职自媒体人。但是，能做到月收入过万的人只占1%，能做到年收入过百万的人只有不到1‰。

原因很简单，因为很多人都没找到适合自己的变现方式。

有一些个人品牌的出现就与变现有关，比如直播带货红起来的辛巴等人，他们不需要考虑如何变现，因为从开始就是变现模式。

但是，很多做情感视频、歌曲原创视频、电影解说视频的主播们拥有几十万上百万的粉丝，还在变现路上艰难而行。给这些拥有大量粉丝的主播们一个建议，将粉丝从公域流量慢慢导流到自己的私域流量，将粉丝们从其他平台聚集到微信里，微信里的粉丝相对来说信任度、黏度更高一些，这些粉丝最终会成为你变现的基础群体。

2.3 付出的时间和得到的回报

个人品牌变现并不容易，而且还是一个长期的过程，想要赚快钱是行不通的。虽然很多网红看似赚钱很快，但是，他们并没有打造出自己的个人品牌。

（1）走得太急太快，反而更容易放弃

紧急且重要的事情，不紧急但重要的事情，我们应该先做哪个？

毫无疑问，紧急且重要的事情。

但是，个人品牌变现不是紧急且重要的事情，而是不紧急但重要的事情。

因为"不紧急"，才让人感觉到"不着急"。

·没事儿，等等再说。

·哎呀，反正还有时间。

·没有限制时间，再说吧！

即便这件事情很重要，但我们面对它的态度却是能拖就拖，这样的态度是不可能完成个人品牌的。因为，个人品牌需要找到定位、打磨产品、做出优质内容、策划销售策略……每一件事都很重要，但每一件事都不着急。

之前有一个朋友特别郁闷，因为她想打造个人品牌，但是，她平时与多个甲方合作，稿子多得写不完，根本没时间去做自己想做的。有一天，这个朋友跟姐姐聊天，说起此困惑，姐姐评价说："你这贪图赚快钱。"

朋友回家的路上越想越生气，写一篇稿，查资料就要半天，写完还要好好打磨，怎么能说是赚快钱呢？

后来，当她终于有时间按照自己的意愿打造个人品牌时，从自己的定位到选择展现的方式都一一考量，她突然理解了姐姐的话。给甲方写稿，真的就是"赚快钱"，就是做了"紧急且重要的事情"，而"不紧急但却重要的事情"却一直搁置着没有做，不是因为不重要，而是因为不着急。

打造个人品牌，这件"不紧急但很重要的事"就好像一条看不见尽头的路，我们努力向前赶路，但很久过去了，还是看不到头，这让人觉得很挫败。于是，很多人慢慢地停下来，或者反身折回，抑或直接走向岔道。每个人都想打造自己的品牌，太着急了，反而适得其反，最终放弃了打造个人品牌的计划和目标。

（2）个人品牌赚取的是未来的回报

很多人可能会有这样的想法，个人品牌打造的过程中就可赚取收益，有一万粉丝赚一万粉丝的收益，有十万粉丝赚十万粉丝的收益，结果发现，有一万粉丝的自己可能在很长时间之后才赚了一千粉丝的收益。

当发现自己的付出和回报不等时，有点心灰意冷。这实在是没有必要，因为做个人品牌，赚取的是未来的回报。

在打造个人品牌之前，很多人都会为定位而发愁。这时候，可以把定位放一边，先看看自己的代表作，或许能够创作出什么代表作。

举个例子。你写恐怖小说写得特别好，阅读量特别高，这时候就不要再花费时间去写言情小说，而应该专攻恐怖小说。等把恐怖小说的代表作打磨好，再考虑别的。

这样的打磨过程会比较长，想赚快钱的人不太适合做个人品牌。

（3）如何做个人品牌

沸水效应：一开始专注于把一锅水烧沸腾。水沸腾后，只需要维持小火，水就能持续沸腾。

这句话什么意思？

比如，有人写恐怖小说写出了名堂，打造出自己的个人品牌，然后就在恐怖小说这个细分领域持续专注地输出作品。然后，因为小说太有趣，发表在恐怖小说领域里面的一些顶尖平台，甚至出版了纸质书。

接下来他就可以研究如何教别人写恐怖小说，做直播课，做短视频，招学员，进行变现。

再举个例子。剧本杀最近很火，很多人开了课程教别人写剧本杀，不辛苦，赚得还很多。但是，他是一开始就可以利用自己的个人品牌赚钱吗？并不是，至少他写过很多优秀的剧本杀，已经具备了足够给自己背书的资质。

每一件事、每一个作品都需要在一段时间内集中精力专注打磨。个人品牌的塑造无法一蹴而就，即便变现的途径真的很多，变现也不是立竿见影的，需要投入时间和付出精力。

•••••• 小结 ••••••

这一章更像是给大家一个希望，让大家看到做个人品牌能够变现的美好未来，但同时，也清醒地指出，个人品牌打造的过程以及个人品牌变现的过程都比较漫长，在这个过程中，耐得住寂寞，扛得起压力，很重要。

想要打造个人品牌需要注意如下几点。

①打造个人品牌的同时，别忘了打造属于你的私域流量。

② 打造个人品牌过程中的引流方法，可以参照思维导图，一目了然。如果还有不明白的，可以联系笔者，具体问题具体分析。

③ 打造个人品牌需要摆正态度，选择了正确的方向，该如何走下去也很重要，不要半途而废。

④ 个人品牌打造是一个长期的过程，要做好心理准备，也要做好随时学习的准备。

>>> **案例1：在社群卖课程实现财务自由**

前面列举了不少个人通过打造个人IP去赚钱的例子，下面介绍一个笔者自己的操作案例。

（1）初始阶段，流量获取

我从2012年就开始做电商推广，后来在行业内有了一定知名度，当时我只有一个个人博客，叫"坏坏个人博客"，内容非常简单，就是把自己在互联网上学习的有关数据库营销、淘宝客电商推广的经验放到博客上供大家学习。后来，淘宝网旗下的淘宝联盟爆火，出现了类似返利网等知名的淘宝客网站，越来越多的人希望通过为淘宝推广产品带来收入，所以我的个人博客也就因为有很多人想要学习淘宝客内容而火了起来！很多人通过我在博客上留下的联系方式添加我为好友，让我积累了大量的QQ粉丝。

2015年，我把QQ粉丝全部转为微信粉丝，他们添加微信的原因也很简单，我把做淘宝客的经验通过微信免费分享给他们。

（2）变现策略

通过为第一批微信用户提供免费的淘宝客课程，增加信任度。

通过持续不断地升级内容课程，向已经有所收获和信任度较高的用户收取一定的费用。

（3）具体执行

发布朋友圈，内容是：如果大家想跟这位兄弟一样，通过微信发布朋友圈以及微信群的方式为淘宝做推广，做淘宝客获得收入，可以直接私信我，一对一学习，只要599元，学完之后不满意全额退款！然后搭配一张配图，内容是一名学员的好评评价。

有了个人信任度培养基础，加上有不少人通过免费课程已经开始赚钱，所以在我的5000多粉丝好友中，当天就有300多人为我转账599元，一天收入15万以上。

可能到这里，大家以为结束了，但实际上这只是开始！

品尝到通过微信打造个人IP，通过免费课程提高用户信任度以及转化率带来的好处后，我从2016年开始把这套模式放大，壮大我的一个教育品牌——嗨推，并成立独立的运营部门进行运作，至今已经培养互联网从业者超过30万人，并且品牌一直很健康地运行着。

直到写这本书前，我还在坚持一个动作：不断打造和强化讲师个人IP品牌，写这本书也是一种对我个人IP的强化！所以，个人品牌IP的变现路径非常多，而且很稳定，这也是我们倡导大家不断打造个人IP品牌的一个原因！

》》案例2：组建一个圈子

老路在自己的城市算是一个小有名气的A股市场的"股神"。

A股市场浮浮沉沉二十年，老路鲜有失策，久而久之，该城市的很多股民都知道他。老路在学习了打造个人品牌的课程之后，决定在投资者市场大宗案子确立个人品牌。由于前期他已经小有名气，所以老路决定建立一个圈子。

这个圈子是有要求的，比如，投资者必须具有老路要求的资金规模，不带散户是老路组建圈子的主要理念。另外，圈子里的成员要交费，然后可以得到以下回馈。

① 听老路分析A股市场，给出明确的投资指向。

② 不仅是市场分析，还有老路对每一只股票的分析。

③ 老路教会成员看财报，看各种曲线图等。

加入这个圈子，实际上是加入了一个学习股票投资的圈子，老路以自己的经验和理论知识来告诉大家如何做投资。

你以为只有这么简单吗？别忘了，圈子是有门槛的。老路的圈子里，成员都是有一定家底的人，说明他们在其他领域里都是一些佼佼者。老路收取的会员费不高，并且每个星期或者不定时地给成员们送福利，所以，当老路遇到事情时，成员们也会积极帮助老路解决问题。

比如，老路想换车，成员里正好有从事相关工作的人，而且，能够进入圈子的肯定也不是一般的销售人员。因为平时该成员在买卖股票的时候总会请教老路，所以，老路换车，他会帮忙，这就是你来我往的交情。

所以，即使我们没办法建立起高大上的精英圈子，如果在一个垂直领域足够优秀，也能够建立起既能惠及他人，又能惠及自己的圈子。

第3章

找到自己的高价值定位

在个人品牌打造的过程中，不容易找到自己的定位。错误的方向实际上是在耽误时间，本章总结了一些方法，让大家更好地找到自己的高价值定位。

什么叫作高价值定位？就是在你所能掌握的技能中，有一个能够给你带来更高价值的技能，通过对这项技能的强化和IP打造，让自己享受后端更高的市场和利润。

这里的定位有两点需要注意。

① 一定是自己喜欢的、熟悉的，便于在前期不赚钱的时候还能够坚持下去。

② 一定是能够赚钱的。如果一个项目长期不赚钱，相信没几个人能坚持下去。所以，高价值定位一定要能够让自己获取利润，这样你才有更好的动力去进行创新，也才能走得更远。

一个好的定位，可以让个人品牌在付出同样的时间与精力的情况下，获得更大的收益。

3.1 对于高价值定位的理解

高价值定位是能够体现高价值并带来更高价值的定位。

在自己擅长的领域里,哪项能够给自己带来高价值,就定位在哪里,这样,当个人品牌变现时就会让自己得到更高价值的收益。

高价值定位的核心并不是以售卖者的判断为主,而是以购买者的判断为主。

举个例子。一件上衣,标价500元人民币,这个价位是高还是低呢?

对于月收入1000元的人群来说,一件上衣就要用去半个月的工资,价位很高。

对于月收入10000元的人群来说,一件上衣不过几百块钱,价位不高。

但是,当月收入1000元的人,因为要出席一个非常重要的场合,需要一件拿得出手的衣服,并且她很喜欢这件上衣。那么,500元的衣服她就会直接买下。

而月收入10000元的人,并不喜欢这件衣服,并且觉得其没有什么场合可以穿,即使500元对她来说很便宜,她也不会买。

所以,高价值定位的核心在于买家。

就个人品牌而言,你打造的个人品牌是否具有高价值,源于你产出的内容是否值得更多人关注。

小A一直觉得自己简笔画画得特别好,但是,在打造个人品牌时,他在各大平台上发布的内容并没有什么播放量,为什么?是因为他画得不好吗?并不是,因为对简笔画感兴趣的人少。

除了画简笔画外,小A还喜欢DIY(do it yourself,自己动手),他不定期更新的DIY视频播放量动辄上万。

小A两个都擅长,应该选哪一个打造自己的个人品牌呢?毫无疑问,应该选择DIY视频。

高价值定位，一是根据自己的特长、擅长进行选择；二是如果擅长领域比较多，就可以做一个前期的测试，看一下到底哪一类会吸引更多的受众。

实际上，高价值定位法则也有依据。

（1）从用户角度进行选择

这就是上面所说的，根据用户的喜好来自定位。打造个人品牌就是把自己当作商品，在商品价格与需求关系中，存在一种凡勃伦效应，就是指价格相对高的产品，越能得到消费者的青睐。

就像我们去吃饭，食客多的餐馆会让人感觉饭菜味道更香。其实就是从众心理。一开始就对你产生兴趣的用户越多，那么你所吸引的用户越会成倍增长。所以，你的垂直领域越能在一开始便获取更多的受众，对于你后期打造个人品牌越有利。

（2）标志商品高品质而进行的高价值定位

商品价格与需求关系存在着质价效应，很多消费者会将价格看作能够享受到的服务和能够买到的商品是否优良的标志。简单地说，一件500元的裙子和一件50元的裙子，质地和样式都一样，但是，500元的裙子穿在身上之后总觉得要比50元的裙子显得更有档次。

这一点对于一些打造个人品牌给自己定价的人来说非常重要。比如，你擅长设计，那么在设计一个LOGO时，你的报价实际上是让甲方重新定义你。想要获得高价值定位，你就要在平时做到在垂直领域所有的产出都是优质的，价格贵但是品质好。

提醒打造个人品牌的读者们，数量固然重要，但是质量更重要。你给自己标出的高价位会让你得到不同于低价位的成就感。

（3）高价值定位实际也展现了你专业的一个侧面

很多人对高价值定位的东西有一种向往的情怀。在能力接受范围内，人们愿意为自己的情怀买单。如果你擅长的垂直领域正好能够满足用户需求，你就能把情绪溢价算到自己的价值里面。然后，你会发现自己所认为不会引起反响的那一个技能，往往比你努力半天没有任何改变的另一个技能更吸引人。

举个身边的例子。笔者有一位做平面设计工作的朋友，叫娟子。

平面设计竞争非常激烈。娟子毕业之后就进入一家小型设计工作室，这家工作室店小工资少，娟子在工作之余就想要赚点外快。

不忙的时候，娟子喜欢画手绘，给一些自己喜欢的小说画封面，给一些喜欢的小说人物画手绘，有趣的是她画的封面得到了很多人的点赞。一开始娟子只是把手绘作为爱好，大部分时间还是放在设计上，一方面给店里的顾客做设计，另一方面在网上找私活。

但是，平面设计的工作并没有给娟子带来更多的优势。比如，不管是老板还是客户都对她的作品表现出不是很欣赏的态度。虽然最终也使用了娟子的作品，但这种态度让娟子心里很不舒服，于是，她就辞职了。

辞职之后，娟子为了多赚钱就开始接各种设计的活儿，她也觉得自己要打造一个个人品牌，但是，在平面设计这一块，娟子始终没有什么起色。

而在手绘人物方面，娟子成绩斐然，在整个圈子里，娟子的手绘人物评分最高。后来，娟子不再只是画着玩，而是给一些图书公司画手绘作品，每一幅价格要比她做平面设计高出很多。大家很喜欢她的画风，这个圈子里的人对她的作品产生兴趣的原因是喜欢和情怀。慢慢地，娟子的手绘画吸引了更多的人成为她的粉丝。

经过深思熟虑，娟子决定放下平面设计，主攻手绘，专心画手绘人物。就这样，娟子开始打造自己的个人品牌。

首先，娟子还是给图书公司画封面漫画，而且，她的画作为封面出版后，她会发布到微信、微博等平台，提升了自己的知名度。

其次，娟子开始在一些平台上发表原创作品，一开始是单张作品，慢慢地变成了整个绘画过程的展示，吸引了大批喜欢绘画的粉丝。

再次，娟子开设了线上绘画课程，价格不贵，报名的人很多，并且娟子也在这个过程中精益求精，让自己画出更吸引人的手绘人物。

最后，娟子通过开班授课等进行变现，一方面对自己的技艺精益求精，另一方面传播自己的手绘风格和理念。

娟子的个人品牌打造之路是拐了个弯，一开始坚持走专业的平面设计路线，后来发现自己手绘作品得到的赞誉更多，于是一个急刹车转变方向。手绘人物这个细分的垂直领域，才是娟子的高价值定位区，在这里，娟子收获的是口碑和更丰厚的报酬。

实际上，很多人都和娟子一样，一开始并不能很清楚地判断自己到底最适合在哪一方面发展。如果找到的不是最具价值的一面，你将会遇到以下问题。

① 你会觉得越来越累，并且效率越来越低。

② 你的产量和质量都慢慢下降，并且失去信心。

③ 你的粉丝并不见长，而且取关的人数越来越多。

④ 你越努力，感觉越心酸。

在你打造个人品牌时感觉到以上四点出现，就表示现在的方向可能并不是你最适合、最擅长、最高价值的方向。这时候别着急，慢慢地调整自己的心态。

很多人最难得的就是在已经出发之后还能够及时调整方向，但是如果调整的方向不对，也会失败。如果发现不适合自己的方向，千万不要留恋，因为，错误的方向会让你身心疲惫，且看不到更多希望。

所以，高价值定位一定要定位准确，我们可以参考一些方法和技巧，为自己找到适合的点，下节重点介绍如何运用有益方法为自己轻松找到高价值定位。

••••••• 小结 •••••••

在定位上要选对方向然后进行深挖。就好比我们要挖一口井，首先要确定自己选择的地方是否具有丰富的水源，确定之后再开始挖。有时候挖10米看不出来，结果挖到100米发现白挖了。这时候一定要果断一点，换个地方继续挖，当挖到100米的时候，开始冒出清澈的地下水，随后就能挖出一口1000米的井。

选对了方向再努力，一切都会是美好的；选错方向的努力，真的是越努力越心酸。

下定决心，找到自己的高价值定位，就可以开始坚持自己想要做的事情。这里提醒每一位想要打造自我价值的读者：

① 挖掘自己身上的亮点，相信自己但不是执迷不悟。

② 方向正确就不要轻易放弃，有时候度过瓶颈就能到达更高的层次。

③ 对于个人的高价值定位，是把个人IP打造成高价值IP的前提。

3.2 个人定位方法：3C分析法和三个成就事件法

方法一：3C分析法。

简单来说，3C分析法就是通过分析自己、分析行业、分析对手来做一个定位。

（1）分析自己

对自己进行分析，就是找到自己擅长的、热爱的领域，这就要求你了解自己。有的人的确找到了热爱的领域，但是自己并不擅长，或者说能力不足，这样的领域就不合适。更重要的是不要跟风，你做电影解说，我也做电影解说，结果你做得很好，我做着做着，因为不擅长，甚至没有多大兴趣，最后导致做不下去。

举一个非常有意思的案例。学员小B觉得讲解电影的短视频播放量都很大，他觉得自己也可以，就找到了一个细分领域——恐怖电影。小B决定效仿一位粉丝非常多的主播，也做一个恐怖电影合集。

第一步是看电影，然后写解说，在看电影的过程中，小B就决定放弃了，因为恐怖电影实在是太吓人了！

之后，他觉得电影解说没有特色也没办法引来粉丝，于是，他就想做一个直播平台自导自演的那种短视频。但是，仍然没有撑到第二步，因为剧本的脚本他写不出来，写来写去还是跟着人家的思路走。

小B就真的没有自己的所长吗？并不是。小B会说多地方言，笔者建议他试试用方言给一些视频配音。小B分析了一下，觉得自己好像比较擅长随意切换各地方言，于是接纳了此建议。一开始，小B觉得效果不会很好，还生怕被扣上"地域偏见"的帽子。但是，接连几个视频都获得了不错的播放量并且评论都有几百条，这给予他很大的信心。

在自己擅长的一面被挖掘出来之后，小B的思路也打开了，开始做一些与地方方言有关的原创视频，比如方言考级类，吸引了很多粉丝，现在粉丝已经过百万。

所以，分析自己是很重要的，你只有对自己有了深入了解，挖掘出自己最具有价值的才艺，才能够更好地将其展现出来。

（2）分析行业

对行业进行分析，看一下具有潜力的行业是什么，已经走到尽头的行业是什么。打造个人品牌的时候，要向有潜力的行业靠近，远离夕阳产业。

比如，我们可能会把自己打造为电动自行车领域的专家，给大家介绍，买电动车要买什么牌子，在性能上要注意什么。很少有人会把自己打造为自行车领域的专家（专业骑行自行车除外），因为自行车相对来说没有可以展现的地方。尤其是普通家用自行车，满大街的共享单车除了轮子不一样，其他都一样。电动自行车还可以根据电池的功率等进行一番讲解，而自行车结构简单，一目了然，完全没必要。

另一个实例是简笔画，很多人觉得简笔画会有很多受众，但实际上，画简笔画的视频播放量不是很好。因为简笔画比较简单，小孩子会喜欢，但小孩子不是视频传播的主要受众。很多人在拍摄简笔画短视频的时候都会加一些非常有趣的环节，但总的来说还是很难达到非常大的播放量。

通过行业分析来打造个人品牌时要尽量避开那些需求量非常小的行业，毕竟，看的人多了，喜欢的人也就多。我们不排斥小众文化，但是，众所周知的一些内容，是不需要你再特别呈现出来的。

（3）分析对手

寻找对手的优点和缺点，学习和借鉴其优点，尽量避免其缺点。

比如，今日头条解说电影的短视频主播很多，而且许多是百万粉丝级别的，分析这些粉丝非常多的电影解说主播，你会发现，大家看似一样，实则各有千秋。

有的主播口播速度特别快；有的主播声音特别好听；有的主播专门用蹩脚的普通话解说，也特别有意思。如果你决定也要解说电影，那么首先，你要给自己一个很好的定位，是说得很快、声音很好听还是用方言解说；解说的类型是韩剧、日剧、恐怖题材还是爱情题材。

在给自己定位之前，需要分析这些大主播们的特点，为什么他们的粉丝这么多，是选的电影好？还是解说词写得好？又或者是在口播的过程中太有趣了？

当把对手分析清楚之后，你就很容易取其精华、去其糟粕，然后把自己的电影解说短视频拍得更好，或者说，比你的对手更吸引用户。

方法二：三个成就事件法。

指三个曾经发生过的，让你感觉到非常有成就感的事件。通过这三个事件找出三到五个核心能力，然后再找出所有能力重复出现的部分，得出自己的核心能力圈。

这样说可能有点抽象，我们举个例子。

小徐通过三个成就事件法给自己画核心能力圈。第一个成就事件，他作为一名公司中层管理人员，曾经带领团队，一举拿下公司"年度最佳销售团队"的奖项，整个团队因此获得了额外的奖励。这件事让小徐特别骄傲，因为展现出了他的策划能力、营销能力、管理能力以及市场把控能力。

第二个成就事件，小徐业余时间在线上平台开了自己的销售课程，这个课程在一年时间里卖出了一万节课，让小徐非常有成就感，小徐因此还签了国内几家名气非常大的知识付费平台。通过这件事，小徐发现自己的逻辑思维能力、课程策划能力以及运营能力很强。

第三个成就事件，小徐在线上办了个人品牌领域的销售培训班，上课的学员不受地域限制，直播教学，体现了小徐在直播、运营以及逻辑思维能力上的优势。

按照三个成就事件法画圈的时候，小徐发现，有一个能力是被排除在外的，那就是管理能力。因为营销能力、策划能力、运营能力和逻辑思维能力是在核心能力圈的，但是管理能力和其他能力都关联不上。

这个结果让小徐也比较意外，他觉得自己的管理能力很强，但没想到竟然是最不具备优势的能力。分析之后，小徐把自己的重点放在了策划、营销方面，相对减弱了管理范畴的工作。

那么，小徐适合打造什么样的个人品牌呢？

① 小徐逻辑分析能力强，可以选择营销策划、市场运营、广告、媒体推广等相关职业。

② 销售能力强，说明小徐的沟通能力也很强，因此适合演讲、讲师、主持

人等相关职业。

其实，小徐正在做的就是以上类似的事情——销售、讲师，他的课程售出一万份，他的直播培训有来自各地的学员在听。

由此可见，通过三个成就事件法，我们可以分析判断自己是否具备做一件事情的能力圈。放大自己的优势，把自己的能力发挥到极致，做事会更加得心应手，更有利于快速成就事业，而想通过补充自己的短板来成就事业则会比较艰难。

•••••• 小结 ••••••

这一节讲了两个方法，每个方法都看似简单，但对于你给自己找到一个正确的定位有着重要作用。

3C分析法实际上就是让你不要盲目跟随大流，而是要对自己做好分析，对行业做好分析，甚至是对对手做好分析，看一下你想要涉足的行业适不适合，看一下你想要进入的行业有没有很大的潜力，也看一下你所面对的对手具有哪些优劣势，从而调整自己的策略。

三个成就事件法就是在你具有成就感的事件里找到自己的核心能力，很多人自我感觉擅长的未必是你真正非常擅长的，而你觉得一般般的点，说不准是你潜在的能力。释放自己真正的能力，坚持做好自己擅长的事情。

还要注意以下几点。

① 通过方法对自己进行分析定位，是为了不走弯路，所以，即便你觉得很麻烦也要按照方法进行分析，找到自己的核心能力。

② 你所认为的优势未必是真正的优势，把自己当作旁观者，把有成就感的事件摆出来，剥离主观，客观分析，才能得到最准确的答案。

③ 打造个人品牌可以试错，但是试错成本很高，很多人走到一半发现方向

错了，或者认识到自己的能力不足，这时候不管是重新走，还是换条路走都会付出不小的代价，因此，通过方法找到正确的方向就像是"磨刀不误砍柴工"一样，事半功倍。

3.3 个人定位体系需要注意的要素

之前，我们通过3C分析法和三个成就事件法找到了自己热爱的、高价值的定位，接下来就讨论一下个人定位体系中需要注意的要素。

打造出一个良好的个人品牌，需要注意七要素。

第一个要素，形象。形象好的人总会比较容易得到受众的喜欢，不过，视频直播过程中可以用美颜工具，所以这一要素相对来说影响不是太大，但是要注意不要过分美颜，不然容易翻车。形象不必倾国倾城，只要看着舒服就行。

第二个要素，个性。打造个人品牌，不一定要走亲民路线，很多时候按照自己的个性发展就好。不过，一些喜欢笑的人在拍摄视频或者直播的时候更容易让人喜欢，毕竟大家生活都很累，还是希望在休闲的时候看到一些美好和轻松的内容。

第三个要素，兴趣爱好。你所打造的个人品牌尽量是自己感兴趣的方向，并且要有一定的经验或者阅历，否则你强行给自己加戏，一定会让别人感觉很尴尬。所以，一定要选择你兴趣所在并且擅长的领域，展示出你真实的表现。

学员小宁看到很多人直播脱口秀，效果非常好，她觉得脱口秀不需要准备什么，比较容易做到，所以开始做脱口秀直播。结果直播的时候，她发现自己写的脱口秀稿子一点都不吸引人，她念着没啥意思的稿子心里很煎熬，那些看着她一脸煎熬的受众感觉更煎熬，最后直播间人气日益下跌。

别人做得很好，不代表就适合你，你不感兴趣的话就好像是被追赶着去做一件事，这样做事终归是做不好的。

第四个要素，用户需求。这是必须要考虑的，想要吸引更多的受众，就要满足用户需求。

举个例子。一个走情感暖心路线的主播，他打造的个人品牌是满足大众女性对于"完美男人"的向往。我们都知道，这样的男人根本不存在，现在很多男人确实不负责任，让女人极度缺乏安全感。而他的出现，就给了处于恋爱阶段的女人让男友学习模仿的参照物，也给予单身女性美好的精神寄托。

用户需要什么，你就给他传递什么，这个理念在打造个人品牌时很重要。但是需要注意，不要迎合一些恶趣味，用户正常的需求可以去满足，不正常的需求也要断然拒绝。

第五个要素，市场差异化。这个比较好理解，就是你的人设和市面上同类型的账号相比，有哪些不一样。如果只是跟风模仿，那你这个账号就不会有任何特色，而且还会激发用户和原作者比较的心理，实在是得不偿失。

比如，现在平台上很多主播作电影解说，为什么有的主播拥有百万粉丝，有的主播粉丝不过百，实际上还是因为内容同质化太强，别人早就先入为主，你再来的时候时机已晚，而且你的内容和人家一样，自然就没有人愿意再看你的，同样的内容也看够了。

你的内容要做出自己的特色，在市场上才会具备竞争力。

第六个要素，你的世界观。说起这个要素，可能有些迷糊，设计人设怎么还跟世界观扯上关系了。这个真的很重要，因为你人设下呈现的所有东西，其实就是一种世界观。所谓世界观就是你内心所相信和坚持的东西。因此，我们看视频、看内容实际上看的是主播的世界观，有时候你不喜欢某个主播，很可能是因为他与你的世界观不合。

三观正的内容更有利于传播和转发，因为发言不当大量掉粉的事件也是层出不穷。

第七个要素，可持续。指的是你所创造的内容是否具有可持续性，是否能源源不断地产出优质的原创内容。如果不可复制，只是昙花一现，用户很快就会把你忘记。

• • • • • • 小结 • • • • • •

打造个人品牌时一定要注意以下七点。

① 可能我们没有明星那么漂亮，但至少要让受众觉得你看起来很舒服。

② 个性上，阳光灿烂的性格自然是好的，如果不是这样的性格，也尽量不要展现出丧气的样子，毕竟愁眉苦脸让人看着不舒服，自然也不会被多加关注。

③ 做的事情首先要是自己感兴趣的，不然你表现起来很累，受众看着也很辛苦。

④ 要想得到更多用户的关注，就需要满足用户需求，而满足的前提是你要知道关注你的用户更想从你这里得到什么，考虑用户需求永远是最重要的。

⑤ 大家如果做同样的视频内容，有的视频就会直接被忽略，所以，你要有自己的特色。

⑥ 具有正确的世界观才会做出三观正、具有正能量的作品，大家喜欢的往往是跟自己世界观一致的作品，如果世界观不一致，很难引起共鸣。

⑦ 不具备可持续性的作品就像是昙花一现，因为平台上的更迭瞬息万变，想要留住粉丝，就需要有持续不断的优质内容产出。

>>> **案例1：从小设计人员到大牌设计师的自我谋划**

这是一个具有代表性的案例。

每个人都有梦想，小崔从进入大学就梦想成为一名优秀的设计师。对于小崔来说，设计师就是一个高大上的职业。

因为就读的大学不是985、211类大学，只是一个普通二本，所以，小崔毕业后投了很多简历，最终找到一份并不是很满意的工作。公司在一个居民区，每天去上班的感觉就像是与这个世界逆行，大家都在往外走，她却急匆匆地往里冲。

实际上很多公司都是从小小的民宅开始的，我们知道的今日头条不也是吗？在这里说一句，公司有没有前途真的跟环境没有多大的联系。公司虽小五脏俱全，在里面担任设计的小崔上面竟然还有一个领导。

这家公司是一家搭建网页的公司，小崔做的工作就是设计网页，而且是要根据客户的要求设计。小崔工作中有点像机器人，客户指哪儿她打哪儿，就这样客户还总是挑她的毛病。小崔在工作中总觉得自己设计的这些东西都不是自己想要的，她想要设计一些高大上一点的，或者说是有特色的东西。

工作一年之后，公司也不给涨工资，小崔索性就辞职了。辞职后，她想自己创业，通过自己的技术揽活儿。小崔一方面在BOSS直聘、智联招聘这样的平台上找一些相关的兼职设计工作；另一方面，去线下找合作；除此之外，她还参加各种设计比赛。

小崔在辞职之后给自己打造个人品牌的规划如下。

① 找兼职设计的工作，是为了温饱问题，并且在找的时候，避开网页设计这一类完全听从客户意见的工作，而是找一些其他设计，比

如门店、LOGO、宣传手册设计等。

② 坚持自己在线下找合作，勇敢迈出第一步。比如，找一些店面，尤其是繁华的商业街，提出免费给对方设计门头、LOGO的要求，条件是如果设计满意，就要帮她推荐客户，这也算是垫资做销售。

③ 积极参加各类设计大赛，在不同的大赛中取得了大大小小的成绩，这些成绩都是小崔体现自己专业能力的背书。

坚持一年多之后，小崔果然做出了一些成绩。首先，小崔和一些比较知名的广告公司有了多次合作，并且成为签约设计师；其次，繁华的商业街上不少店铺都觉得小崔的设计比原来的好，所以，除了店铺LOGO等设计，很多宣传设计也找她，也算是做出了口碑；最后，因为屡次获奖，所以，小崔设计一张图稿的价格要比原来高出很多。

就这样，小崔从无名的设计人员变成了优秀的设计师。其实，小崔能够做出这些成绩是源于她的态度和持之以恒的精神。比如，她去线下找店铺老板谈，拜访十家店，九家店是没兴趣的，唯一有兴趣的也挑三拣四。但是，在小崔的坚持下，她的设计最终一传十，十传百。

口碑相传的力量是非常大的，能够克服一切最终将自己打造成为优秀设计师的小崔，也基本实现了自己最初的梦想。但是，能够做到小崔这一点的设计者很少，毕竟，从零开始，一点点有规划地打造个人品牌绝非易事，有的人会因为急于求成而放弃。

所以，打造个人品牌，不管用什么方法、途径，最重要的还是坚持。

>>> 案例2：斜杠青年

现在"斜杠青年"很流行，有的人当斜杠青年是为了打发时间，有的人是为了展现自己的特长，还有的人是为了增加收入。

青年小C的爱好是看电影，他不仅爱看电影，还很喜欢写影评，一开始只是在豆瓣这样的平台上写影评，写着写着，就被一些甲方看到，花钱邀请他写影评。

一旦爱好能够为你赚钱了，你的干劲会更足。不过，小C发现那些甲方给自己的影片大都评分不高，写影评的目的是夸赞电影。小C自然就不乐意了，毕竟挣钱是一回事，保持自己的格调又是一回事。

于是，小C决定宁可不挣钱也要把自己的真实想法写出来。这时候，他发现了一点，烂片到处可见，大家该怎么避坑呢？花两个小时看了一部烂片，对谁而言都是一次比较糟心的经历。

当时，电影解说视频开始火起来，有一些电影解说视频得到很多用户的喜欢，播放量上百万。本职工作就是做剪辑的小C，决定把自己的爱好和擅长的剪辑技术联合起来，也开始做电影解说视频。

于是，他开始分析别人都是怎么进行电影解说的，看完之后，发现不管是什么样的电影解说，都只是平平无奇地说电影。于是，小C决定在细分赛道跑出个第一名，以"吐槽"为主，开始解说一些他看过的烂片。

第一个视频在平台上的播放量就达到了10万以上，喜欢看他视频的人在评论中有几个观点：

① 说得特有意思，虽然普通话不好，但是解说词写得好，看着就特别想笑；

② 影片剪辑得比较好，一看就不是个业余爱好者；

③ 吐槽得太对了，还好自己没看过，看完吐槽，自己就省得去踩雷了。

得到大家的认同之后，小C开始每周一更新，就这样坚持了两年左右，他的粉丝已经达到了上百万，而且他的视频因为播放量很大，每个月都给他带来很多收入，这个收入是他工资的三倍还要多。

于是，他辞去工作，专注于做视频。但是，一是片子越看越少，二是感觉大家慢慢地就对这种形式审美疲劳了。很多电影解说的主播们都开始从一星期一更新改为一个月一更新，甚至有一些就彻底停更。

这时候，小C不再仅限于展现电影讲解视频，而是开始以教别人做电影解说视频为主。

因为很多用户觉得电影解说视频实在是太厉害了，动辄就能收获上万粉丝，谁都想要来分一杯羹，于是，小C给自己又开拓了第二个市场。就这样，他作为优秀的电影解说视频主播本来就已经非常有名气，这时候很多人争着报名他开设的付费课程。

当一个人的能力得到很多人的认同之后，他做什么都能给自己变现。

所以，我们不需要羡慕别人，而是要用擅长的技能去打造自己在某个垂直领域的个人品牌，到时候，你的品牌就是你最好的招牌。

说到用漫画讲历史，大家都会想到陈磊。

陈磊大学毕业之后就进入上汽集团做一名设计师，不要觉得在这样的大国企就会过着走向人生巅峰的人生，实际上，和很多刚进入社会的年轻人一样，陈磊进入上汽也并没有在职场上一展才华。反而平日里单调、枯燥的生活让他有时喘不上气，好在他有一个小爱好，那就是看历史和画漫画。

有一天，陈磊在读一本《中国人史纲》，看着看着脑海里出现了里面人物的形象，当这些形象浮现出来之后，陈磊就决定自己把他们画出来。于是就有了《半小时漫画中国史》的雏形。

陈磊一边画一边放在一些平台上展示，作为一个工作之余的兴趣爱好，坚持了一年。张泉灵看到了陈磊的漫画，认为历史知识型漫画非常具有潜力，于是，开始给陈磊投资。

为了更好地绘画，陈磊也直接辞职，专心画漫画，而且通过张泉灵的投资成立了工作室。在《半小时漫画中国史》出版之后，7小时内卖断货。陈磊则凭借这本书1200万元的版税收入，位列13届作家榜第五位。

从一个月薪几千元的基层设计师到位居作家榜第五位的知名作家，陈磊的成功并非一夜之间，在张泉灵联系他并投资他时，他已经坚持创作一年多，并且收获了很多粉丝。在《半小时漫画中国史》7小时卖断货之前，陈磊有多年的时间在积累历史知识和进行创作。

由此可见，想要打造出个人品牌，非一朝一夕之功，因为优质的内容往往需要时间的积累，而一个人的口碑也基于时间的积累。

第二部分

个人IP打造的内容体系

第4章

个人IP的内容输出

个人IP主要通过内容输出来引流和吸引粉丝,所以,内容是个人IP的重点打造对象。内容是对潜在的粉丝们产生价值的东西,个人品牌的打造者需要持续不断地输出好的内容,这些内容让潜在的粉丝们了解你,关注你,对你产生信任,从而变成稳定的粉丝群体。

所以,打造个人IP的关键就是内容输出,那么,该怎么输出内容,又该输出什么样的内容呢,本章就一一进行讲述。

4.1 如何写好自我介绍

打造个人IP,首先要学会向别人介绍自己,好的自我介绍很容易吸引别人的关注。互联网时代,在线上,我们不能通过衣着外貌给别人留下第一印象,那么自我介绍就是你给别人的第一印象。

很多人在新加好友或者进了新的群之后,没有做好自我介绍,白白浪费了一次推销自己的机会。

自我介绍可长、可短，不同的场合要做不同的自我介绍。

上学时，刚进入一个新的班级，老师会让你做一个自我介绍，基本上就是简单的个人信息"名字＋年龄＋爱好"再加上一句"希望在接下来的日子里和大家一起努力"。

上班之后，进入一家新的公司，也是要做一个简单的自我介绍：姓名＋年龄＋爱好＋目前在公司里的职位，最后再加上一句"希望在接下来的日子里和大家一起努力工作"。

如果将这样的自我介绍放在你的自媒体平台上，或者用于将自己推荐给新朋友，或者作为新入群的简介，恐怕也没有什么大反响，虽然平平无奇却也挑不出毛病。

也有人说自我介绍要突出自己的特点，比如讲述自己的故事，突出自己的专业、展示获奖证书等。其实，自我介绍没有固定的标准，在不同的场合要展现出不同的自己。

那么，如何写个人介绍呢？下面给大家提供一个思路。

个人介绍应该包含以下几方面的内容。

① 你是谁？——实际上就是把你的基本信息展现出来。

② 你现在做什么？——你的职业。还可以写一下"你为什么要做这件事"或者"你如何进入这一行业"等，这其实就是一个用故事吸引人的点。

③ 你是如何做的？——你做这件事的过程，也是你做这件事的逻辑思维。这一点的内容要求能够打动别人，不管是用感情还是用专业的水平，这里需要打动他人。

④ 你做出来什么样的成绩？——把自己的成绩摆出来，比如证书、奖状、一些能够展现出你专业水平的成绩或具有成就感的事情。

⑤ 未来你可能会做些什么？——你的计划、规划，这一点也必须写清楚。就像大家去买菜都喜欢买长摊的，那种今天来卖菜，明天就见不着的摊位，大家都担心菜品不好，因为有一个基础的心理，就是你的菜品好才"敢"长期在一个位置出摊。所以，未来你的规划一定要写出来，给受众吃一粒"定心丸"。

为了让大家灵活运用，用一些实例加以说明。这些实例有可取之处，也有糟粕之处，供大家借鉴参考。

[实例一]

大家好，我叫小娜。现在从事直销行业，服务于"那么美科技开发有限公司"，主要为集美容减肥理疗为一体的仪器类项目招商。

我选择这个项目是因为之前的业务进入了瓶颈期，我是做医美行业的，因为客源越来越少，生意就越来越难做。

一次偶然的机会，我自己发传单时，遇到了一个"那么美"的姐姐，她跟我说起"那么美"这个平台，能够让我可以月入二十位以上的有效客源。只要我加盟，就可以免费教我美容减肥理疗上的各种技术，最主要的是还可以免费帮我开连锁店。用"那么美"模式，可以让我省下一个月的房租、人员成本等近两万元的费用。

最开始我也不相信，但是，因为自己的生意的确越来越难，我就想不如尝试一下。结果奇迹真的出现了，没想到第一个月的时间我就有了两家加盟店，赚到了一万元的收入。

现在，我从事"那么美"已经一年的时间了，加盟店已经超过30家，而且我用"那么美"的减肥技术把自己的形象改变了，如今真的实现了又瘦又有钱的梦想。更重要的是，之前的我性格内向，现在通过平台，我变得更加外向活泼了。

我最开心的不仅是因为我自己受益，通过这项事业，还可以帮助身边的人重获健康、美丽与自信，让像我这样普普通通的人也有实现梦想的机会。

出于对我的信任，我的好朋友盈盈也跟我合作了，上个月，她跟我说已经赚够了买房的首付款，听到这话，我真是打心里为盈盈高兴。

未来，我希望通过"那么美"平台帮助到更多的人，在全国范围内实现我自己的万店连锁梦想，也欢迎与我志同道合的朋友一同前行。如果有缘，我将会全力以赴地帮助你实现梦想。合作一次，我们就是一辈子的朋友！

小娜希望能够与您认识并成为朋友，我的QQ/微信：123456789。

耐着性子读完上面的案例后，你是不是有很多问号：

① 这是什么？

② 这确定不是微商自欺欺人的神文案？

③ 平台上的自我介绍没有字数限制了？

实例一中自我介绍的基本信息都有，也不缺少故事，而且还挺曲折，但是从头看到尾却让人感觉非常不适。因为，这一大段的自我介绍，字里行间透露出来的不是真诚的自我介绍。

这样的自我介绍其实看到一半基本上也就知道个八九不离十，别人不会去加她，也不会去和她联系。她的个人介绍看起来有故事又煽情，但实际上底层逻辑就是错误的，这样的个人介绍还不如直接就一段话：

我叫小娜，主要从事"那么美"美容减肥理疗仪器项目，现在已经在全国有了30家加盟店，未来我将以万家加盟店为目标继续努力。与我志同道合的小伙伴们可以加我的QQ/微信号：123456789。

按照这个模板，笔者的网名叫"坏坏"，我对外的个人介绍如下。

坏坏，嗨推创始人，10年电商流量从业者，服务电商品牌超2000家，同时也是抖音直播官方服务商，擅长私域流量运营与变现，公众号粉丝超1500万人，个人号粉丝超40万人，日增加公众号粉丝5万～10万。

目前主要赋能品牌私域流量运营与变现，结合直播提升品牌销量，提升私域流量，形成品销与用户运营闭环。有需要，欢迎私聊！微信号：97276。

简短的一段话把我是谁、我现在在做什么、我做出来什么样的成绩、未来我会做什么讲得一清二楚，而且还引起不少人的好奇心。当你的自我介绍营造出来的氛围能够激起别人的好奇心，就算是成功地引起了他的注意。

而且，很多平台自我介绍是有字数要求的，所以，还是要言简意赅，把该说的都说了，至于你是如何进入该行业、如何感动自我、如何感动别人等故事，可以在后面具体了解的时候讲述出来。

[实例二]

大家好，我叫小潘，是一名会计，来自深圳。

我专注财税行业16年，由我创办的"好好纳税有限公司"已经帮助1000余家企业解决了财税方面的问题。我和公司团队的小伙伴们可以提供低价快速进行公司注册的业务，申请一般纳税人，代办进出口权，记账、出口退税、年检、注销、银行开户、建账、公司转让、补账、资金对接、商标注册、高薪申请、审计、税审等一条龙服务。

凡是与我公司合作签约一年代理记账服务的朋友，我们都免费提供注册公司、申请一般纳税人、公司年检等相关服务。跟我们合作不用担心安全问题，我们将对商业内容严格保密，保证您的商业信息在我们这里是100%安全的。

如果您正在寻找能够帮助您解决财税方面问题的企业，小潘希望能够与您结识，我的手机（微信同号）：139×××××××××。

这个自我介绍也是字数很多，但是没有什么废话，前文提到的5点要求都有介绍，并且把公司的业务范围都写得很清楚，有针对性地吸引受众。

这样的自我介绍，比较容易吸引精准用户，当这位潘会计新进群发出如上自我介绍时，大家一看就知道其主要经营方向，有需求的可能就私信他，没需求的也并不会觉得自己被打扰到。

••••••• 小结 •••••••

自我介绍没有什么标准范本，根据你自己的特点来写，但是要记住，在自我介绍中，一定要让用户看到你对他们有价值的地方。

自我介绍的要点总结如下。

① 基本信息，简单地告诉别人你是谁。

② 不需要煽情或者大段的故事，没有人喜欢听刚认识的人讲关于他自己的故事。

③ 内容要能够引起受众的注意，要么有趣，要么有价值。

4.2 社交渠道：朋友圈日常内容输出方法

对于一个打造个人品牌的人来说，朋友圈很重要，朋友圈是私域建设的重中之重。为什么这么说呢？

（1）流量实在是太大了

2021年"微信之夜"上，腾讯公司高级副总裁张小龙透露，每天有10.9亿用户打开微信，其中有7.8亿用户进入朋友圈，1.2亿用户发表朋友圈。

进入朋友圈的这7.8亿用户，占国内总人口的55.7%。你的用户都在朋友圈里，你能不重视吗？当然不能。

（2）更和谐的用户关系

你的微信上有2000名好友，平时想做营销或推广，该怎么办？

私聊发广告吗？估计很多用户会把你拉黑。因为你的广告对于一些人来说是"既没有用又被打扰到的垃圾信息"。

很多人可能都会站在自己的角度去看自己出售的产品，其实，我们应该站在朋友圈里普通朋友的角度来看。例如，小杨的朋友圈里也有陌生的朋友在卖产品，小杨觉得有的朋友卖的产品他觉得感兴趣，就会不屏蔽，但是有的朋友卖的产品的确对自己毫无用处，就会直接屏蔽。

具体地说，在朋友圈卖儿童绘本，家里有孩子的人一般不会屏蔽这个卖家朋友，因为他会从其朋友圈中找到自己想要的书籍，说不定还能打个折；但是，他屏蔽了卖茶叶、卖化妆品的朋友，因为真的不需要。

因此，我们该如何保持和谐的用户关系呢？

很多时候，我们认为私聊效果更好，给500个客户发消息，结果回复消息的可能只有几个人、十几个人。

是错在私聊上了吗？不是，是思路和顺序错了。要花时间先在朋友圈培养感情，建立信任，再私聊。

（3）适合人设打造及建立信任

如果你只是将微信作为社交工具，你可以不用打造人设。如果你想要通过微信打造个人品牌，通过个人品牌打造私域流量池，就必须要有一个经得起推敲的人设。

朋友圈给了我们一个向用户展示自己的机会，使高频次、多维度的自我营销成为可能。

点对点的私聊，用户是参与者；点对多的宣传，用户是围观者。当你和别人私聊时，首先对方已经比较信任你，于是，他参与到你打造个人品牌的过程中；关注你朋友圈的人，其实很多是不了解你的，信任度没有那么高，所以，你朋友圈里的每一个人都只是围观者。

对你朋友圈内容感兴趣的人慢慢成为潜在的粉丝，而对你朋友圈不感兴趣的人，你也不需要投入精力去迎合他。想要打造个人品牌，需要从更多方面展现出自己的优势，尽可能吸引更多的用户喜欢你。所以，人设不是硬装出来的，而是放大某一个优点，尽量让所有人都看到这个优点，既不失真诚，又能得到更多人的关注。

在朋友圈打造个人品牌要注意两点：

第一点，润物细无声，循序渐进，厚积薄发；

第二点，朋友圈要展现真实，但又必须是滤镜下的真实。

那么，如何打造能成交的朋友圈呢？

（1）给自己打造有吸引力的"名片"

第一，你的微信号一定要做到容易记住、容易搜索、有意义，而且微信号不得随便更改。微信号不能太长，6~8个字符就可以了。

因为微信号都和手机号关联，所以，你在推荐自己微信号的时候也可以直接推荐自己的手机号，然后说一句"同微信号"，别人不但记住了你的微信号，还记住了你的手机号。

第二，昵称也要容易记忆、有趣、有价值导向，不能随便更改。昵称是可以更改的，但是很多时候，如果对方没有给你备注，你改了昵称，可能对方就不知道你是谁或找不到你了。

尽量让你的昵称和产品或者是你想要传递的内容有关联，这样的话大家一看就知道你是做什么的，你是谁。需要注意，昵称不要太长，以免不容易被记住。

第三，头像一定是清晰的、亲切的、专业的图片。头像选择实际也有一些技巧，比如你想突出自己的专业，就可以用职业照；如果你想要突出所宣传的内容，可以选一些相关的图片，或者直接用产品、品牌的LOGO图片作头像。不过，如果你在打造自己的个人品牌，还是建议用自己的照片，漂亮一点的照片会对你更有利。

需要注意，头像因行业的不同会有差异：银行、保险等行业更适合用专业的形象照；舞蹈老师、设计师等行业更适合轻快、时尚的美照。

第四，个性签名。要体现你的价值观、世界观以及巩固你的人设。什么意思呢？就是从你的签名能够大概了解到你是一个什么样的人。

举例说明：

·强调个人价值，即放大自己的核心价值，比如，××创始人老李、汤记麻辣小面，一看签名就知道你是做什么的；

·巩固自己的人设，比如，佛系老母亲、时尚小青年等；

·随时可以更新的公告说明，比如直接在签名里写上"参加活动的小伙伴加我，回复截图即可"，类似这样的广而告之；

·展现自己的价值观，比如强调自己百折不挠的个性，用"生活泼了我一盆凉水，殊不知，我本是一堆石灰"作签名，展现出自己就算是被生活泼凉水，依然积极向上的生活态度。

第五，朋友圈背景图，展现出来的是你的价值、传递的是品格，但是如果对方不点开你的资料，是看不到你的背景图的。

（2）打造一个人设

打造一个人设，能提高在朋友圈脱颖而出的概率。打造人设的时候要注意以下几点。

① 人设特质。要全面地塑造一个人设，就要从基本要素到性格品质再到价

值观一层层地打造。其中，最基本的就是年龄、身高、职业等信息，再高一层就是爱好、自己的优缺点，最后上升到价值，比如喜欢什么样的生活、有什么样的梦想、想成为怎样的人。

② 根据自己打造的人设，给自己设定一个标签。例如，说到"私域肖厂长"就会想到打造私域；说到"秋叶大叔"，就会直接想到PPT；说到淘宝客、流量高手，就想到"嗨推坏坏"，这就是有效标签。

这个标签不是你的个人介绍里的标签，而是通过你发的朋友圈内容给自己丰富的标签，比如你喜欢看书，说明你追求上进；你喜欢看电影，代表你具有生活情调；你在加班，说明是个奋斗的职场人。

每一条朋友圈都能让朋友们看到你的与众不同，并且，打造人设时，尽可能制造一些冲突以体现鲜明个性，用户对你印象会更深刻。例如，你一直将自己打造成性格沉稳的人，但是当遇到一些不可理喻的人或者事情时，你也会展现出自己正义感爆棚的一面，让人感觉到你是一个饱满的人。所以，你所打造的人设虽然只是真实的你的一部分，但也能够让人感受到你的真实与真诚。

（3）朋友圈要有剧本思维

在朋友圈输出内容是要具有剧本思维的，你想打造一个个人品牌不能随心而欲，需要有一个完整的剧本。

首先，要给剧本定一个主题。

① 主题可以是生活记录，把自己身边发生的事情展现出来。这里要注意，琐碎的流水账式的生活记录就没有必要了。说实话，自己写的流水账都看不下去，谁会去看别人的流水账，而且流水账并不利于个人品牌的打造。

② 权威背书的主题。展现自己获得了哪些奖项，展示自己和某个知名的企业家或专家同框的照片。这类主题不宜多发，偶尔发一下可以树立你在朋友圈中的专业威望，发得多了就让人很反感。

③ 用户好评。就是用户在和你沟通过程中对你的好评，这类内容看起来具有真实感，大家都喜欢看评论。所以，在平时与用户沟通时，要引导用户好评。此外，与用户的互动还可以体现在互动福利方面，如定期进行朋友圈抽奖、送福利等活动。新品试用、用户调研等都可以包装成互动福利的形式。

当你有意识地去打造朋友圈内容，你的朋友圈看起来会更具有吸引力，切忌把朋友圈设置为"三天可见"等，如果设置了时间限制，可能会让用户感觉你是一个比较冷漠或者不愿意跟别人分享的人。

（4）通过评论和点赞，和用户建立关系

除了主动发布朋友圈内容，还要想办法和用户建立关系，让弱关系层层递进成为强关系。比如，看到用户发朋友圈，不要只是点个赞，而是用心写一下评论，注意不要用敷衍的词，如真棒、真好、真有意思等，最好具体地写出对方发的内容到底是哪点打动了你。

你在给别人点赞的时候，实际上也在增加自己的曝光率。

（5）写好短文案

写好朋友圈短文案是非常重要的，遵循"短平快"原则，一小段话就把核心意思表达出来。下面介绍一些朋友圈文案写作的小技巧。

技巧一，给大家提供解决方法。例如，"保证让你不犯困的低糖小零食""5个大招，让你迅速涨粉"。

技巧二，引发大家的好奇心。例如，"这么好吃的火锅，到底藏着什么秘密""年过四十，为什么还是少女感满满"。

技巧三，激发起大家互动的积极性。例如，"给我十天，我帮你管理体重""每天给我20分钟，教你说一口流利韩语"。

技巧四，用隐藏的利益吸引大家。例如，洗衣粉的核心作用就是有效清除顽固污渍，在写文案的时候可以写"让宝宝随心玩，现在多脏都不怕"。

技巧五，看似客观的描述实际在吸引大家。例如，"这件裙子穿起来，大家都说我瘦了""只敷了三天，身边的人都觉得我白了一个色号"。

技巧六，用否定来表达自己的肯定。例如，"口红出镜了，你不觉得美吗""车里有股味道，别说你已经习惯了"。

技巧七，有理有据，有人撑腰。例如，"五星大厨最爱的水果刀，锋利得很，削个椰子尝尝""女神都爱用的护手霜，难怪她的手那么美"。

技巧八，温馨提示。例如，"做蛋糕不放这调料，就属于假冒伪劣""不要轻易卖保险"。

（6）发图技巧

朋友圈会压缩图片清晰度，如果你的图片本就不清晰，发布后会更模糊。

发图片建议以1、4、6、9张为宜，其余数字都会显得不整齐。直接放一张图是最好的，图片内容会全部展开，不点击图片的情况下也可以看到全貌。

除了上面六点之外，如果你是转发文章，一定要用心写推荐语，这样能够展现你的与众不同。

（7）朋友圈内容输出要点

·学会使用emoji表情让文案更传神。

·朋友圈文案要短，只说重点，不要长篇大论。

·若发布的图片超过9张，使用软件拼成长图，这样想发多少张都没问题。

·用户证言类内容记得先征得用户同意，并对名字和头像等敏感信息打马赛克。

·带上"蓝色#"话题，长尾流量的事情是日积月累的。

·偶尔发一条视频，能增加趣味和惊喜。

·朋友圈不要每天一直发内容，容易被屏蔽。每天最多发6~8条，不要超过10条。

· 发朋友圈没有固定的时间。但有黄金时间：早上8点，中午11点半，下午2点半、4点半、晚上8点、10点。

· 发朋友圈不要太集中，不要一下子连续发好几条。

· 不是特殊情况，朋友圈不要设置3天可见等，最好全部开放。

（8）发朋友圈比较方便的APP工具（仅限手机操作）

① 图片

a. 图片美颜：轻颜相机、美图秀秀、B612等。

b. 修图：黄油相机、天天P图、MIX等。

② 视频

a. VLOG拍摄：WIDE。

b. 剪辑：剪映。

③ 手账

青柠手账、时光手账。

④ 海报

canva、创客贴、图怪兽。

⑤ 便签

WPS便签、印象笔记、有道云笔记。

（9）朋友圈素材

① 与生活相关。养成记录生活的习惯，看到有趣的、美好的就拍下来，记下来，真实发生的事情和身边的景色比较容易引起别人的共鸣。

② 产品相关。你要是想卖产品，素材可就多了，产品卖点就是素材。但是，尽量不要直接发图片，而是要做一个小文案来吸引用户关注你的产品。

③ 用户相关。你在和用户沟通过程中，得到的夸奖及时截图保存，适当的时候发朋友圈。

④ 励志文案。读到一些很好的文案或文章及时保存，然后配图发在朋友圈；或者最新热点、最具有热度的话题也可以发在朋友圈，引发大家的讨论。

⑤ 固定栏目。每天的美食打卡、健身打卡、读书打卡等，每天有一个固定栏目的话很容易给别人留下深刻的记忆点。

总之，在朋友圈要敢于做透明人，把自己的每一面都勇敢地展现给其他人。展现的内容越多，用户看到的你就越真实、越饱满。

小结

这一节说了很多关于微信朋友圈内容输出的要点，想要通过朋友圈塑造自己的个人品牌，一定要有一个很好的心态，还要做到以下几点。

第一，用户不点赞不代表不喜欢你，只要他没有屏蔽你，没有拉黑你，你的内容就会被曝光，你要做的是曝光内容，并且将内容做好，让用户舍不得屏蔽你。

第二，信任关系不是很快就能建立起来的，我们在线下和新同事相处都不一定能迅速相互信任，更何况线上的虚拟空间，所以，不要着急，坚持每天发高质量的朋友圈，加快别人对你的认识、了解，从而将其转化升级为信任。

第三，不要同一时间连续发朋友圈，那叫刷屏，大家都很讨厌这个行为，而且，你刷屏的内容如果不是大家所喜欢的，很容易被直接拉黑。

第四，朋友圈内容就像一日三餐，天天顿顿吃面条是不行的，所以，内容和媒介形式都要有，内容别太无聊，别发流水账。

第五，在朋友圈输出内容，也是在输出你的世界观和价值观，所以，一定要展现出积极有能量的形象，大家都喜欢和积极正能量的人成为朋友，谁都不喜欢和消极的人做朋友，用自己的能量去感染更多的人。

第六，也是最重要的一条，甭管是长篇内容输出，还是短文案输出，都尽量做到原创！

4.3 短视频渠道：抖音、视频号日常输出方法

短视频输出相对来说要比发朋友圈容易，注意一些关键点就可以了，掌握短视频创作技巧可以黏住你的用户。

（1）抓热点、抓话题

抓热点永远都是一个快速涨粉的捷径，比如有热度的新闻、有热度的评论、有话题性的内容等，与用户息息相关的内容就更容易传播。但是，一定要注意，有的热点可以抓，有的不可以，要把握其中的度。

在讨论热点的时候要展现出自己的专业能力、正能量以及正常的三观。比如，抖音里有一些非常火的视频主播，他们就是依托热点新闻，再加上通俗易懂、专业简洁的分析，让更多的观众听得懂、看得懂。

抖音上有很多人讲解财经知识，比如如何买保险，如何买基金。保险和基金是非常专业的金融领域知识，对于大多数人来说，很多名词都是晦涩难懂的。因此，抖音短视频主播用大家都听得懂的话去讲解如何买保险，如何买基金，这一类的视频要比那种照本宣科的视频播放量高出几十倍。

李玫瑾教授的视频也非常有名。李教授的视频都是教育话题，从"如何预防孩子得抑郁症"到"父母该如何与青春期孩子相处"，这些与孩子息息相关的话题，家长们都会关注。比如，向家长传授与处于青春期的孩子相处方法的短视频，在快手上播放量达到1700万。

抓热度、抓话题很容易让你的视频被更多精准用户关注到并喜爱。做短视频的时候，一定是要给自己的用户画像，然后再根据用户画像的特点产出视频内容。

（2）给作品起一个好标题

和文字作品一样，短视频也需要一个亮眼的好标题，让用户瞬间知道你要表达的内容，并引导用户把短视频看完。

比如，"孩子12岁以后父母要学会示弱""怎么立规矩孩子才愿意听""某明星日薪208万元，怎么看影视行业监管难"，这些标题要么就是让人产生好奇，要么就是让人觉得其中有价值，值得自己花时间看。这些标题在精炼表达主题的同时，能吸引用户停下来观看，而不是一划而过。

笔者抖音号：嗨推坏坏的其中一个短视频案例，如图4-1所示。标题是"在抖音上讲干货是没有用的"！这个短视频引起不少人的讨论，因为不少人在抖音上看到喜欢的知识博主的分享是可以学到很多东西的，大家肯定都喜欢"干货"。但是笔者用了这样的标题，当用户看完我的视频后发现我讲的是有道理

图4-1　短视频案例

的，因为"干货"是给少数人看的，而满足大多数人喜好的内容才能获得更多的点赞和互动，才能得到更多的用户和粉丝。也可以这么理解，如果你能把枯燥的"干货"转换成通俗易懂的语言，那么你的视频也会很受欢迎，这也是我们通常说的视频内容一定要"说人话"！

（3）用新颖的表达形式破圈

不千篇一律而是另辟蹊径，可从两个方面入手。

第一，内容表达形式要善于创新。

引用两个实例加以说明。

[实例一]

2021年3月21日，由四川日报·川观新闻打造的音乐视频《我怎么这么好看》火了。这首以三星堆最新出土文物为创作背景，将传统文化与流行音乐巧妙结合的MV，让万千网友听完为之上头。

[实例二]

2021年2月，河南广播电视台春晚舞蹈节目《唐宫夜宴》冲上热搜。创作方将传统舞蹈与现代电视表达手法相结合，运用增强现实技术，实现了虚拟场景和现实舞台的巧妙融合。

第二，要善于讲好短视频故事，用好的故事打动用户。

短视频最重要的就是要有一个好故事。比如抖音号"老四的幸福生活"，就是围绕着一个家庭，讲的都是一些家长里短的小事儿；"YY的奇妙冒险"讲述了各种校园趣事，故事幽默，节奏紧凑，很容易就引起受众的兴趣。

当下，短视频已成为媒体新阵地，讲故事的能力也应该随之向短视频创作上迁移。能讲出一个好故事，是短视频的核心竞争力。

（4）选好平台

短视频的平台很多，比如西瓜视频、抖音、快手等知名平台，还有很多新锐平台，也有很多内容细分的垂直平台，让人眼花缭乱。选择短视频平台需要判断你想产出的内容和哪个平台最有契合度。

例如，你做的是电影解说短视频，发布在西瓜视频这个平台上要比放在抖音更合适；如果你做的是情感类短视频，放在抖音上就比放在西瓜视频上能够收获更多的粉丝。

现在很多短视频平台对媒体新手都很友好，知乎、微信上都可以用短视频的方式进行展示。所以，最重要的就是你要有好的内容，然后把它放在比较适合的平台，也可以一开始都试试，最后选择一个有更多潜在粉丝的平台。

•••••••• 小结 ••••••••

关于短视频内容输出，重点在于你是否能够写出一个好的故事。短视频看的是故事，看的是有趣、有价值的内容。在输出短视频时，需要注意以下几点。

① 短视频内容是否对用户有吸引力，不仅是有趣幽默，更重要的是别人看了之后是否觉得有价值。

② 短视频内容一定要合规合法，不要为了追求流量而做一些不合规的视频，可能一时间会获得很大的流量，但是也面临着被禁言几百年的风险。另外，大家更喜欢看正能量的视频，过度引起焦虑或激发矛盾的内容是不会被用户持久喜欢的。

③ 在输出短视频时，一定要有自己的精准用户画像，你的视频主要面对哪些受众，要想方设法吸引他们的关注。对于不属于你的用户，能关注你自然是

好事，不关注你其实也没有什么损失。就像教育类的短视频，只需要家有儿女的家长们关注就好了，因为你的精准用户才会是你的潜在客户。

④ 短视频平台很多，用心选择，根据输出的视频内容选择适合自己的平台。

媒体做短视频时一定要研究短视频传播特点，研究平台的调性、生态，研究算法推荐机制，让好的内容匹配好的平台，精准覆盖目标用户，获得好的传播效果。

4.4 图文渠道：头条号、公众号、知乎、百家号内容输出方法

不管是头条号、公众号、知乎、百家号，或是标题中没有提到的企鹅号，最重要的是什么？内容！原创内容！

目前笔者运营的嗨推公众号已经推出原创文章852篇，这也是为什么嗨推能成为行业内知名电商流量自媒体的原因之一！同样，笔者在知乎上也有大量的原创文章输出，通过内容带来了理想的精准用户。如图4-2、图4-3所示。

图4-2 嗨推公众号已推出852篇原创文章

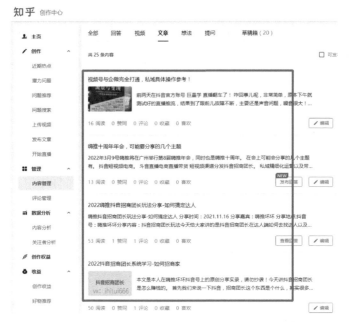

图4-3 知乎账号"尹高明"发布的原创内容文章

原创内容打败一切,但是,在写出爆款原创内容前,需要了解一下内容输出的小细节,比如标题、图片、正文在排版上需要注意的点,毕竟,好的排版赏心悦目,会吸引人往下看。

(1)标题

包括图文标题和正文小标题。

①图文标题,就是整篇文章的大标题。

图文标题是直接吸引用户的窗口,所以,滋生出很多"标题党"(用夸张的标题吸引人点击查看),一开始可能会有很多人浏览其内容,但是题不对文,慢慢地,大家不仅不看甚至取消关注。所以,标题一定要和内容有着非常密切的关系。

标题越简洁,越能够被用户解读。订阅号是被折叠起来的,折叠后能显示的文字非常有限。一般来说,标题尽量控制在13个字以内,这样能够让用户一目了然地看到标题。在多图文中,标题会在封面图片上方,超出13个字换行会不同程度地遮挡封面图。同时，过长的标题也会增加用户理解标题的难度。

如果标题没办法缩减到一行，最好加一些符号，比如：「大闸蟹」背后的套路有多深？

需要注意的是，标题可添加"「 」""【 】"或者简洁的" | "（竖线）等符号来凸显关键字，但不要用过于烦琐、奇怪的符号。

② 正文小标题。

小标题要总结这一段的核心内容，除了要吸睛，还要注意排版要点。

a. 小标题要尽量醒目并与正文在行距和字体字号上区分开来。

· 加大行距，一般在小标题和正文之间空一行。

· 改变小标题字体颜色。

· 改变小标题字号大小。

b. 如果小标题过长，可以拆成两行，分为主副标题。

c. 文字的大小和颜色要协调，不需要特别下载编辑器，在平台提供的后台编辑工具中选择即可。

注意：文章最重要的是内容，标题的版式只是锦上添花，如果版式太复杂反而容易让用户忽略内容，或者让用户因为反感过分花哨的排版而错过一篇好文章。

（2）图片

一篇优秀的文章配图一定也很精彩，因为图片会提升文章的吸引力与魅力分值。

图文内容的图片一般包括：头图封面、小图封面以及文章正文中的配图。这三种图片各有不同，下面介绍每种图片的特点与挑选方法。

① 封面图（头图封面+小图封面）。

好的封面图可以引起用户的阅读欲望，同时，一篇文章的封面图可以展现作者的审美。比如美食类文章，用一些美食图片更加合适，不能是随便拍摄的，最好能够让人看了图片就有垂涎三尺的感觉。图片的作用就是如此，让读者产生兴趣。

封面图也有尺寸、内容等要求，可以添加有特色的元素让自己的封面别具一格。微信公众号的封面图尺寸是900像素×500像素，在作图的时候，一定要严格按照像素要求，不然图片上传后会变形。严格按照平台要求的尺寸作图，可以保证展示的效果最佳。

图文输出的形式中，图片的选择是非常重要的。在挑选图片时要清楚自己的品牌定位，尽量挑选与自己品牌形象一致的图片。如果能对图片进行一定的加工，突出文章的主题，用户也会感受到你的用心。

需要注意，图片在公众号展示的时候很好看，如果将这篇内容分享到朋友圈，图片就只保留正方形大小。所以，在作图的时候，一定要把重要的图片内容放在图片的中间位置，这样分享到朋友圈的时候，你的内容所展现出来的图片就能够很美观，而且正中央的图片也让用户觉得"做工精良"。

② 正文配图。

图文模式，图片必不可少。如果内容以图片为主，要注意图片的像素，不要太模糊；如果内容以文字为主、图片为辅，就要注意图片的张数，不要太多，以免反客为主；如果是漫画等形式配文字，要注意漫画的风格，以及图片展现出来的顺序。

总之，在挑选图片的时候，要注意图片的内容、色彩的一致性，要和文字有相互呼应、相互衬托的作用。

（3）正文

这里不讲怎么写正文，只讲一下正文的排版。

① 字号的设置。

文章正文的字号最好在14～18px之间，以16px最为合适。文章篇幅较大，字体可以稍大一些（16~18px）。比较偏"文艺范"的文章，字体可以适当稍小一些（12~14px），显得文章更精致。

② 行距的设置。

1.5~1.75倍的行距看起来会比较舒服。1.0倍行距确实有点窄，但是，会让一些读者感觉紧凑。行距的大小还需要大家自我感受。

另外，使用百家号、头条号后台编辑文章，不需要自己手动设置行距，后台会自动设置为最佳行距。

③ 首行文字设置。

我们写文章的时候，要求首行缩进两个字符，但是，移动端是无需缩进的。

在移动端，由于屏幕比较狭长，首行缩进没有必要，而且会使段落看起来不整齐。

如果确实想在段落开头着重强调一下，可以使用首字下沉，这是传统平面媒体积累的非常有效的办法，可以借鉴。

④ 正文排版设置。

正文段落，一段不要超过一屏，段落之间至少空一行。因为段落之间不空行的话，看起来会感觉满满的，而且首行不缩进两个字符，基本就是靠着段落之间的空行来判断是否另起一段。

注意：选择字体的时候，要使用没有版权纠纷的字体，涉及版权的字体，记得付费之后再用。

•••••• 小结 ••••••

输出图文内容的时候，需要注意以下几点。

第一，标题是引起读者阅读兴趣的开始，简明扼要的标题能迅速吸引读者的注意，也能帮助用户快速了解文章的结构以及重点。创作标题时，需要控制文章标题字数，简短醒目、易理解的标题往往更受读者青睐。

第二，图片看似简单，但在文章中扮演的角色非常重要。好的图片可以为文章增色不少，也会吸引对你的内容不太关注的受众。使用的图片一定要清晰；作图的时候，应该按照平台要求的像素大小做出相应的图片。

第三，正文排版要求：

・字号建议为14~18px；

・行距建议为1.5~1.75倍；

・强调文字可以改变字体颜色或背景，也可添加适当的排版样式；

・正文段落尽量不超过一屏，多分段；

・段落之间最好空一行，让人看懂上下文；

・首行无需缩进，这个不是硬性要求，按自己喜好即可。

4.5 直播渠道内容输出方式

直播和其他形式的内容输出不一样，别的内容输出都属于录播，可以修改。而直播就一次机会，表现好了，很多人留在直播间关注你，成为你的粉丝；表现不好，脱粉也是一瞬间的事儿。

如何在直播间留住人，如何搭建直播内容输出体系，是做直播最重要的内容。接下来，我们从三个方面进行分析。

（1）基础运营策略和技巧

先介绍做直播的基础流程。

第一步，开直播之前先要引导用户签到，一方面是为了在后面的直播过程中增加互动，另一方面，也是为了让自己心里有个数，大体了解今天看直播的到底有多少人。

第二步，简单的互动完成之后，先要做什么呢？不是自我介绍，不是表达感谢,而是发礼物。不是进入直播间就发,而是福袋抽奖,准备一些礼物,不用多,但是要足够吸引人。

笔者曾经去过一个主播的直播间,也是福袋抽奖,奖品竟然是一包纸巾,于是,进来的人很快就又出去了。

有一个直播间的抽奖礼物是一个杯子,杯子不大,成本估计也不会太高,上面刻有主播的LOGO,杯子质量看起来不错,包装也很好。进入直播间的人们感觉有兴趣,并且会积极参与抽奖试试手气,反正又不掏钱,如果运气好还能得到一个精致的小杯子。

所以,如果附带礼物过于朴素,实际上不仅不会吸引人,还会把你好不容易吸引进直播间的人给"气"跑。

第三步,剧透一下这次直播的主体和内容,让进入直播间的人感觉很想看。这就要求你在开直播之前先写好一段能够吸引人的脚本。比如:

"今天,我会在直播过程中为大家解决X个问题,1、2、3、4、5…"

"今天,我要讲个真实的故事,他们仅靠300个微信好友,年入千万……"

"今天,我要给大家送一个礼物,这个礼物是市值2000元的茶具一套……"

第四步,在直播的过程中,要不断地做预告。这些预告就像猜谜活动,今天的直播说十个谜题,然后解五个谜底,剩下的五个要等下次直播再解答。这其实也是培养用户对下次直播的期待。如图4-4所示。

图4-4 笔者在抖音官方账号"巨量学"上为各位抖音卖家做的直播分享

第五步，做好总结，和直播间的朋友们来一场最后的互动。这个互动要让留在直播间的人们感觉意犹未尽，还想着参与你下次的直播。

（2）沉淀内容，有目的地直播

直播都是有目的的，不会说今天反正没事儿，直播吧，你说不出个一二三，你让受众听什么？而且直播必须要有目的才能够更好地整合内容。

举个例子。徐老师是电商培训方面的专家，他决定以直播的形式吸引更多人报名他的课程，那么，徐老师是怎么做的呢？

① 徐老师直播时，通过连麦，邀请了一些优秀电商到他的直播间做客，通过聊天、采访等形式让大家了解他们的思想和观点。徐老师也在其中向受众传递自己的观点，拓宽自己用户的认知边界，让用户们了解更多信息。这一具有价值的连麦会吸引用户，让用户在观看过程中得到两点启示：

第一点，在这里获取了有价值的内容；

第二点，发现了一个很好的培训老师，对徐老师产生了敬佩感。

这一步之后，有很多用户会关注徐老师的直播间，因为在用户看来，在这个直播间能学到知识，能认识更多的大咖，从而能够提升自己。

② 日常直播时，徐老师往往以风趣幽默的方式讲述自己的创业故事，也讲述一些朋友创业成功的故事。故事是直播的核心，第一桶金、第一次失败、踩过的坑，这些都能引起用户共鸣。

徐老师还会分享一些有价值的内容，比如在成功道路上总结出来的经验，相对准确的管理理念。用户在产生共鸣之后，又得到了更深层次的学习内容，慢慢地，用户就从路人转化为粉丝。

③ 举办线上大会，邀请大咖做客，塑造自己的影响力。很多用户转化为粉丝后，为了让更多人看到自己以及自己的能力，看到自己能够传递出去的价值，徐老师每个月投入精力、财力举办线上大会。

这个大会让徐老师的粉丝们非常激动，而且出现了粉丝成倍裂变的效果。作为电商培训师的徐老师就这样通过直播的形式，传递了自己的价值和理念，通过有目的地直播，完成了自己内容输出体系的搭建。

现在一提到电商培训，很多人就会想到徐老师。徐老师打造出了属于自己的个人品牌，从而通过个人品牌，加持创业梦想。

（3）修炼自己，成为一名优秀的主播

如何将自己修炼成一名优秀主播呢？有两个要点：

第一点，持续产出好的内容；

第二点，坚持，坚持，坚持！

下面具体分析一下优秀主播需要具备的能力。

能力一：勤奋努力。一位头部主播曾经分享过，一年365天，他每天准时直播，坚持了三四年才呈现出一定的成绩。勤奋且努力，才能在直播这一行中慢慢积累经验，逐渐走向成功。

能力二：真诚善良。不真诚善良的最终都会自食其果。谨记不要在直播间里伪装自己。不要吹牛，不要掩饰；做得好，大方地接受用户的夸奖；做得不好，勇敢承认错误并改进；坦诚直接，实实在在。用户并不傻，他喜欢你卖的产品、喜欢看你的直播是出于情感需求，一旦发现你有欺瞒行为，很多用户不会有所留恋，直接取消关注。毕竟主播那么多，总能找到自己喜欢的。

能力三：有趣又有料。这就要求主播具有"播到老、学到老"的精神。想要做一个优秀主播，必须具有学习能力。一个人很有趣，而且饱读诗书，有才又有料，才会吸引用户持续关注。一些没有内涵的主播，即便火了，也是昙花一现。建议想要成为优秀主播的你，多看书，多充电。

能力四：有光又有爱。要把自己当作引领别人的光，通过性格特点吸引用户对你产生信任、热爱以及崇拜。这里要注意，千万不能着急，一定要循序渐进，你首先需要的是培养与用户的感情，只有感情深了，才能够实现变现。前期投入的情感到位，就会吸引很多忠实粉丝。每个人都需要更多的关注，你用自己的爱关注了粉丝，他们也会用更多的爱来回应你。

综上所述，成为一名优秀的主播是需要付出的。直播的未来属于长期坚持的大多数人，属于每一个不普通的普通人，属于每一个愿意把真实的自己展示在镜头前的努力、勤奋、上进、勇敢的人。

小结

做直播不是一件容易的事情，在输出直播内容方面，有以下几个小建议。

① 直播记录的是真实的人和事。只有真实才能够建立起你与用户之间的信任感，有了信任，才会有接下来的每一步。如果和用户之间无法建立信任感，打造个人品牌就像立了一个虚幻的招牌，没有实际用处。

② 善于运用你的私域流量。刚开始开直播关注的人很少，你可以吸引微信上的私域流量，即微信好友，来实现第一场直播有人看。如果你没有微信私域流量，也可以通过大咖直播间打榜、抽奖送礼物等低成本方式进行引流。

③ 直播的核心竞争力是内容。好的内容就是有价值的观点、干货，有趣或者有意义的故事都会留住用户。要想做好一场直播，需要投入很多的精力，比如不停止学习的脚步，随时随刻汲取知识，丰富你的直播内容。

④ 如果你想被更多人看到，就要学会给自己策划营销活动，如果没有能力举办大型活动，就积极参与到相关的大型活动中。总之，你要增加自己的曝光率，让更多的用户看到你。有一句话说得好，始于颜值，忠于才华，你要做的就是先让用户看到你，再让用户喜欢你，最后让用户信任你。

≫ 案例1：优质内容的持续输出，是个人品牌打造的关键

不管是日常微信朋友圈输出还是通过公众号、头条号、百家号等平台输出，都需要有优质内容。

笔者微信里有一个叫作"胃窦"的姑娘，她平时发在朋友圈的内容积极阳光，充满着正能量。比如，每天早晚都会发布一张唯美的图片以及一句恰到好处的励志话语。看到她朋友圈的人，就算不点赞，对她也有了好的印象。

朋友圈里的"胃窦"，是一个积极向上、阳光灿烂、传递正能量，喜欢学习、理财和旅行的姑娘。通过她发布的内容，能够感受到她全身心投入到每一件事。比如，参加"得到"课程的学习，认真撰写新书，通过理财实现了旅游自由，等等。

在知乎，她的文字也影响了很多人。很多知乎文章的阅读量都是10万以上，就连评论都要上万条。

可以说，她无时无刻不在内容上下功夫，而她打造出来的个人品牌也被更多的人所关注。在朋友圈，她会发一些别人找她咨询职业规划、人生规划的截图，一场咨询大概1小时，需要支付299元。按照很多人的认知，职业规划、人生规划是一件很私人的事情，而且别人说的话也只能是参考，值得花费近300元钱吗？

对于一些处在迷茫期的人来说，她的每一段文字都像是茫茫大海上的灯塔。和她沟通之后，有的人会对自己的未来有一个崭新的认知。就凭借这一点，很多人会找她去咨询。

这些人之所以信任她，和她在朋友圈输出的高质量内容息息相

关。比如，知乎上动辄上万条评论的文章、被出版社编辑约稿等，让大家觉得她具有真才实学。并且，她平时发的一些日常状态，能够感受到她：不用上班，就可以衣食无忧，可以随时来一场说走就走的旅行。

这样的状态来源于她对自己的人生有着准确的规划，包括职业规划、理财规划等。如果有人想要在杂乱无章甚至是令自己失望的人生中找到迈向更好生活的希望，就会对她产生信任，想通过与她的沟通，给自己的人生一些启示。

网络时代不是"酒香不怕巷子深"的时代，你需要打造自己，放大自身优势，展现出你的优秀以及待人接物方面的真诚。很多人会为了自己的成长或情绪买单，而个人品牌会引领更多的受众慢慢成为你的客户。

切记一点，不要急功近利，想要打造出一个可持续发展、可持续变现的个人品牌，需要把每一步走得稳稳当当，夯实口碑。

▶▶▶ 案例2：网红更迭的速度太快，没有好内容的直播最终被淘汰

网红很多，昙花一现的网红也很多。没有好的内容，基本上就没办法做到可持续地红。而真正可以一直红下去的网红，大都具有自己的特点，其共性是有好的内容。

下面介绍一个特别能闲聊，还通过闲聊把自己聊成百万网红的女

博士。

作为一名立志搞研究的女博士,遇到了疫情,身在国外的她在某个难熬的漫漫长夜,决定在网络上用视频记录自己的生活。和其他网红不一样,她就是纯闲聊。只要点开她的视频,就能看到她眉飞色舞地用东北话讲着外国人如何抢卫生纸、生娃历险记等生活琐事。

如此平常的主题,好像没有什么意思,但是真的看过她的直播,却能笑岔气:

"挺白的汤,挺大个脸,听单薄的爱情在抄手中搁浅。"

"门风地风穿堂风,风风索命;冷风热风空调风,风风坐病。"

这些朗朗上口又有趣的句子就在她的直播中频频出现。她的主题就是讲故事,还不好好讲,特别爱跑题,每一个标题都不是主线,主线都藏在别的标题里。就这样经常未完待续,像小品一样的直播,让受众沉迷其中,欲罢不能。

不到一年的时间,她就凭借着自己独特的闲聊收获了400万粉丝。

我们仔细看看,为什么有400多万粉丝就这么听她闲聊?因为她的故事吸引人,因为她讲故事的方式吸引人,说到底,就是她所传递出来的内容吸引人。

会说话的人,没有人不会讲故事,为什么她能够让自己在短时间内就冲到网红前列,就是因为她能产出令人想要听、想要跟着继续听的内容。

网红更迭的速度很快,没有好的内容基本就等于往死胡同里走。举个例子,有一个账号"老四的幸福生活",一开始也特别有趣,就是一个人扮演一大家子，用表演的方式演绎着生活中鸡毛蒜皮的小事。这样的创作也吸引了几百万粉丝，于是，开始有人模仿，有人甚至抄袭。

但是"老四"是通过自己精细的观察，掌握了每个人物的特点之后创作出来的视频，抄袭者只是抄了个剧本。受众又不傻，没有精髓的内容，单纯只是模仿，看两次也就直接取消关注了。所以，一大批没有能力创作出优质内容的主播们，也就迅速地消失在直播、短视频所带动的网红之路上。有着真才实学以及创作了优质内容的主播们，才能够提升受众黏度，保住自己在短视频网红界的位置。

第5章

IP的故事思维

故事思维对于打造IP有什么样的好处和影响呢？在回答这个问题之前，先问大家一个问题：用户什么情况下更容易记住一个人？

一个非常有效的答案就是，当你处在用户感兴趣的故事当中时，用户会因为故事而记住你！

那如何讲好故事让用户记住你这个IP呢？

很多时候，大家讲故事，就是讲了一个最容易记的部分，而大多数人在听的时候也只吸收了其中的一部分，至于你的故事想要给用户传递的真正内容和价值，以及有没有真的打动别人，其实都是未知数。所以，我们在打造个人IP的时候要有故事思维，而且还要用自己的思路去讲好这个故事！

作为微博上最会写故事的人，张嘉佳出版的小说《从你的全世界路过》《云边有个小卖部》《让我留在你身边》《天堂旅行团》，每一本都在认认真真地讲着故事，每一本都获得了很好的销量。

不只是作家会写故事，各行各业只要是会讲故事的人，大都很厉害：

销售也是讲故事，一个顶尖的销售高手一定是个擅长讲故事的人；

演讲是讲故事，一位优秀的演说家一定是个擅长讲故事的人；

一位优秀的领导者，一定也是个擅长讲故事的人。

每一位成功的企业家都有着非凡的人生经历，深刻的人生体验，被人们广为传颂的传奇故事。

企业的品牌传播，传播的是故事，因为每一个品牌的背后都有一个动人的故事。

历届美国总统竞选时的演讲，几乎都是在讲一个又一个的故事，他们需要用故事打动民众。

故事能够传递信心和希望，能够使聆听者收获经验，能够传达那些只可意会不可言传的信息。所以，好的故事大有作用。

那么，在这一章，我们来说一下如何讲好你的故事。

5.1 每个IP的背后都有一个故事

没有人会随随便便选择一个职业，也没有人能随随便便成功，甚至不会有人随随便便就失败，其中肯定都有着各样的经历和过程，这些经历就是故事素材。那么，我们如何让自己的经历成为打动别人的故事呢？

（1）激发故事创意

单纯地讲故事并不一定吸引人，故事还可以有其他作用，一是说明一个道理，二是表达出某种情绪。

一旦你有了听众，你的故事多多少少和自己的人生就有了联系。故事里有你所经历的苦难，有你对生活的理解，也有你对未来的渴望。所以，我们该如何创造出这样一个全方位展现自己的故事呢？

可以充分调动起我们的五感，视觉、听觉、嗅觉、味觉、触觉，让它们自己创作出吸引人的故事。

·视觉。你看到过的、真实发生过的事件的过程。

·听觉。你所听到的，不管是事件还是某个观点。

·嗅觉。那些留在你记忆里的深刻味道，以及围绕味道而出现的事件。

·味觉。你所吃过的食物，总有一些美食或者食物会让你心生感慨，也有一些食物有着自己的故事。

·触觉。你能够触及的，不管是视觉触及，还是味觉触及的事物，有点"睹物思人"的感觉。

凭借记忆通道，凭借对某个味道、某个事物的感触，去寻找灵感，构思故事，激发创作思路。

（2）展现故事

我们都有过这样的时候，某一天，脑子里蹦出一个绝妙的想法，特别想把它写下来。可没写几句就发现写不下去了。为什么呢？因为你的想法太过单薄，还不足以支撑一个故事。

这就是第二步要解决的问题：给你的想法找一个合适的结构，这样故事才有了支撑。

什么叫合适的结构？

比如，看到饺子、闻到饺子香、吃到饺子都会想到祖母，如何阐述这个故事，我们需要一个结构。

① 幼年时，父母工作忙，祖母把自己带在身边，小时候的自己调皮捣蛋，最爱吃祖母包的饺子。

② 上学后，父母依旧很忙，祖母负责接送自己，自己却开始对没有什么文化的祖母产生了反感，觉得祖母也就是会包饺子。

③后来，回到父母身边，祖母也过世了，这时候每次吃饺子都觉得入口的饺子少了点什么，怀念祖母。

这就是故事的结构，一开始亲密到之后的矛盾再到最后的怀念。这个故事表明了一个道理，不要等到失去的时候才明白她对你的重要，不要用自己幼稚的任性伤害了最爱你的亲人。

写文章的时候，尤其是故事类、小说类文章，一定要有一个结构，不然很容易写偏。就像盖房子一样，先要把房梁骨架搭建起来。

（3）给故事添砖加瓦

故事的雏形形成之后，要添砖加瓦，用一些措辞手法让你的故事看起来更吸引人、更感动人。故事不同，修饰的方法也不一样，让人感动的故事切忌辞藻华丽，太华而不实的辞藻容易让故事看起来虚伪。

总之，要多学习、多掌握一些写作能力，多看书，积累相关的词语、句子，好的故事就是这样一步步写出来的，不难，但是也不是那么容易。

········· 小结 ·········

写故事时，如果你所描述的事件并不具有戏剧化，那就在最后一步添砖加瓦的时候，努力把故事写得具有戏剧化，有开幕，有高潮，有矛盾，有落幕。在写故事的时候，有以下几点建议。

① 艺术来源于生活。真实生活中所遇到的事才会让你的故事流露出真情实感。

② 故事需要构架。只有当你把结构列出来之后，才会发现故事到底有没有逻辑问题。故事最忌毫无逻辑，没有逻辑的故事往往不会打动人。

③ 添砖加瓦的时候要注意措辞，不要为了华丽而华丽，一定是建立在更好地讲一个故事的前提下去修饰文章。有时候，过分华丽的辞藻不适合写故事，

反而容易适得其反。

5.2 用故事提升个人影响力

展示个人品牌的时候，最常用的就是故事。因为故事更生动、更真实、更有温度、更能打动人。

举个例子。

赵元任（1892年11月3日—1982年2月24日），汉族，字宣仲，又字宜重，原籍江苏武进（今常州）。清朝著名诗人赵翼（瓯北）后人。光绪十八年（1892年）生于天津。现代著名学者、语言学家、音乐家。赵元任被誉为"中国现代语言学之父"，精通多国语言。赵元任在语言学方面的代表作有：《现代吴语的研究》《中国话的文法》《国语留声片课本》《季姬击鸡记》等。

再来看下面这段：

第二次世界大战后，赵元任到法国参加会议。在巴黎车站的时候，天很冷，人们都裹得严严实实，看不到脸。他对行李员讲巴黎土语，对方以为他在巴黎长大，向他诉苦说："你回来了啊，现在可不比从前了，巴黎穷了。"

到了柏林，赵元任又换上一口正宗的柏林腔的德语。一位德国老太太以为他在柏林长大，便对他说："上帝保佑，你躲过了这场灾难，平平安安地回来了。"

是不是感觉不太一样？

虽然第二段文字并没有告诉我们赵元任的职业和成就，但却展示了一个精通多国语言的大师形象，也让我们对赵元任留下了深刻的印象。

这就是故事的力量。

（1）讲故事实际就是为了提升你的个人品牌

从用户角度来说，他们更愿意接受感性的东西，所以，不分男女老少，大家都喜欢听故事。

当我们听到一个名字，首先想到的是与他相关的故事。比如，董明珠、任正非、褚时健等商界名人，这些名字出现的时候，也有相应的故事输出：

·董明珠，在她还是一个基层业务员的时候，就一家一家地推销空调，三十年前就做到了销售三百多万元的传奇业绩；

·任正非，创业之初带着孩子们住在狭小的房子里，过着经济拮据的生活，他坎坷的创业故事更容易令人动容；

·褚时健，从香烟厂的厂长到阶下囚，再从阶下囚成为优秀的企业家，这些故事塑造了他的形象。

故事极具传播力和影响力，有穿越时空的力量。

打造个人品牌的读者们如果已经有了标签和事件，不妨再打造一个好故事，让它帮你提升影响力。

（2）打造故事的重要性在于找到你的人生

普通人没有跌宕起伏的人生，所以也没有那么多值得大书特书的故事。但是，同样的一件事情，不同人的发展经过都不同。比如，小时候淘气打碎了学校玻璃，而每个人打碎玻璃的过程是不一样的，可以说，每个人都有自己独一无二的故事。

由此可见，你并非没有素材可讲，而是没有线索帮你去挖掘素材。

普通人可以使用下面这个素材挖掘清单，去发现自己的亮点，挖掘生活中那些特殊的、印象深刻的经历，找到属于你的人生故事：

·你曾经的人生高光时刻；

·你的人生有哪些让你难忘的瞬间；

·你的第一次×××；

·你遭遇失意、挫败的时刻；

·你人生的重要转折点；

·你的良师益友（人、书、电影）有哪些；

·你曾遇到的困难或者两难选择；

·为了做什么事，你采取了什么样的措施。

这些问题的背后，都是你的故事。当你回答了这些问题之后，还会觉得自己缺少写故事的素材吗？

（3）讲好故事的技巧

讲故事也有技巧，可以分四步讲好一个故事：目标—阻碍—努力—结局。

1）目标

建议大家把目标设定成3个：

① 我是谁？

② 我能给大家带来什么帮助？

③ 我希望大家能给我什么帮助？

比如，写一个创业故事，目标就是为了让更多的人了解自己的创业过程，这个故事写给更多想要创业的人，希望那些想要创业的用户可以关注自己，并且这个故事一定能够帮助到这些人。

2）阻碍

讲一下你在整个过程中所遇到的阻碍。

比如，还是讲一个创业的故事，虽然最后成功了，但是创业的过程非常艰辛，出现了各种各样的阻碍。要记住，用户想听你的创业故事，是想听你的经验，不是想听你的各种炫耀。如果你是一个不差钱的创业者，那么，你创业成功的经验很少有人能借鉴。但是，如果你是一个普通的创业者，钱是有限的，但是创业成功了，在创业过程中所遇到的阻碍可能也正在困扰某些创业用户，此时你的故事就对他具有特别的意义。

3）努力

在故事里你一定要突出自己的努力过程，努力克服困难，努力发展公司，在努力的前提下达到了成功。谁都希望被传递正能量，尤其是创业者们，在创业路上总会遇到各种问题，这时候，你的故事是否能够给他们一个启示作用，并通过你传递的你努力的过程来激励他们呢？如果能，不仅说明你的故事讲得好，还说明，他们可能会因为你的故事逐渐成为你的粉丝。

4）结局

故事的结局，要么出乎意料，要么出其不意，要么就是带来下次视频的预告。

比如一个创业故事，你最终获得了成功，但是创业过程中不会是一直成功，你可以把创业分为几个阶段，每一个阶段都是故事素材，各阶段故事的结局都要吸引用户。

好的故事让用户更了解你，也让用户关注你，所以，写好一个故事非常重要。

下面运用以上技巧，给大家讲述笔者在北京市中关村海淀黄庄家乐福超市摆摊的故事。

2011年，我住在北京市海淀黄庄，一到下雨天，我就在对面的家乐福超市门口摆摊卖拖鞋。为什么卖拖鞋呢？因为这个超市在负一楼，下雨的时候，从负一楼乘手扶电梯上来后会路过一片洼地，下雨的时候这里会有积水。很多人不想弄湿鞋子，于是他们直接把鞋脱了，穿我摆好的拖鞋走过来，我再帮他们把鞋子拿过去，穿过积水之后只需要付给我10元钱就可以了。当时北京动物园批发市场还没关闭，我去拿一双拖鞋成本是3元钱，一双我就赚7元钱，最多时候我半天就可以卖出200多双！

••••••• 小结 •••••••

很多人在讲故事的时候会讲自己的经历，而且是一些别人无法复制或者参考的经历。这种经历只属于你自己，是独一无二的，别人可能无法产生共鸣。听众更关心的是：从你的故事里，我能得到什么？其实我们讲述故事主要有两个直接作用：一方面是为了提醒自己更加努力；另一方面是为了鼓励他人，持续精进！

为了能够更好地写出故事，在这里给出几个建议：

① 用心。平时用心观察，多收集故事素材。

② 用脑。通过方法技巧将故事编排得更好。

③ 多推敲。写完之后一定要自己读出来，多推敲才能保证你的故事更完美。

5.3 如何让你的故事流传起来

前文介绍了如何讲一个故事，如何写好一个故事，这一节就来说一下如何让你的故事流传起来，也可以理解为如何让你的故事成为爆款。

首先要知道，爆款代表注意力，而注意力流向的方向就是财富和时间流向的方向。那么，讲一个爆款故事的方法和角度有哪些呢？

（1）确定好素材

可以把自己的经历分为几个阶段当作素材，按以下公式讲好故事。

目标＋困难＋努力＋意外＋第二次努力＋第三次努力＋第四次努力＋第五次努力＋……＋结局

（2）写好故事

1）开头

故事的开头很重要，开头精不精彩直接影响到用户会不会继续看后面的内容。

① 在开头就设置悬念。故事开头就提出问题，可以激发读者的好奇心，从而引发他继续读下去的欲望。人们都会被好奇心驱使。

② 在开头直接提出疑问。很多好的故事都有一个特点，就是设置"疑问"，不一定只设置在开头，还可以贯穿在整个故事当中。

③ 从开头到内容，一步步设置钩子，勾住用户的专注力。一个故事接着一个故事，一个问题接着一个问题，让用户在听故事的时候，从一个高潮到达另一个高潮。一般小说和电视剧都使用这个办法。

故事的开头其实并没有什么规则、标准，但是开头写得越引人入胜，越能激发读者的好奇心，阅读量就会越大。

2）结尾

结尾不仅让你的故事不至于虎头蛇尾，还能勾起用户对你和你所讲述故事的兴趣。

① 固定结局，可以猜得到的结局，能够让用户有重度参与感。当你说到结尾的时候，用户可能会心领神会地说一句："啊，果然如此，我就知道……"不要以为用户产生这个感受的时候会对你的故事没兴趣。相反，正是因为在你讲故事的时候，他猜到了结局，产生了满足感、成就感，这样的情感会让他继续关注你。

② 开放式结局，读者有多种理解方式。开放式结局会让用户琢磨是不是还有后续，相当于给你接下来的作品埋下了伏笔。用户会带着期待去猜测故事的结局，也会积极地留言和评论。

③ 意想不到的结尾，引起用户惊呼。用户听到故事的结局是出乎意料的，就会更想知道下一个故事。意料之外的结局可以引起用户的胜负心，他想猜对你的结局，但是猜错了，他可能会继续关注你。

不管是什么样的结局，都应该有引出下一次故事的预告作用。

（3）写出利于传播的故事

什么样的故事更利于传播呢？

一种是主角越弱的故事，越能传播得更远，更能引起共鸣；另一种是对别人有价值的故事。

① 什么叫作越弱的故事

指的是故事主角比较弱，令人同情。比如，主人公是一个人到中年的男人，他腿脚不是很好，但是家里还有卧床的妻子以及三个正在读书的孩子。这个主人公遇到一场大雨，他没有像样的挡雨工具，只能钻到自己卖菜的小车底下。周围是滂沱大雨，他蜷缩在车底等着雨停。

这样一个故事是不是就会比较有渲染性，比较弱的主角就会更容易让这个故事传播出去。

如果主人公是一个人到中年的男人，他刚刚下班就遇到了大雨，坐在豪华的进口车里等雨停。

这时候，可能很多网友会质疑：他为什么不开着车回家？故意营造气氛吗？这个故事显然不会被传播。

所以，如果撰写故事，可以把自己故事里的主角写得"弱"一点。

② 有价值的故事。

这个很容易了解，就是你的故事能够让用户获得一定的价值。

- 学习到什么知识；
- 掌握到什么技能；
- 通过故事领悟到什么；
- 通过故事对自己现在做的事有了什么启示；

……

有价值的内容才会得到传播，当然，如果是共鸣感很强的内容也同样能够得到传播。

•••••• 小结 ••••••

讲故事一定要有目的,还有一些写作技巧。

① 故事如果对用户有价值,就更容易传播,没有价值的故事很难被传播。

② "弱"一点的故事,传播性更"强"。

③ 故事开头要引起用户的兴趣。

④ 故事结尾,带出下一次故事的预告。

想打造个人品牌,就要学会讲好故事,如果想要更具体地讲好故事,可以阅读相关书籍。总之,一个好故事能够给你提升10倍以上的影响力。

第6章

如何创作爆款内容

每个做内容的自媒体人都想要打造出爆款,什么是爆款?

就是内容一旦发布就成为手手相传的内容。很多人想要迅速创作出爆款,但实际上,爆款都是创作者经过前期很长时间地积累,最终才打造出来的。

当然,也有特别有才华的人,随手写一篇就能成为爆款。比如有些公众号的文章,动辄就是十万以上、百万以上的阅读量。他们的文章其实看多了会发现,都是有套路可循。

这一章,我们就具体来说一下如何打造一个爆款内容。

6.1 给用户传递一个高识别度的内容

就像我们看明星,长相有高识别度的明星总会一下子就记住了,而长得都差不多的明星基本叫不上他们的名字。其实,做内容也是一样的,在竞争激烈的原创内容板块,我们该如何打造出高识别度的内容吸引更多用户呢?

（1）从差异化入手打造高识别度的内容

差异化体现在各个方面。比如，产品、服务、形象与行业内同类具有明显的区别。

差异化的内容能给个人品牌带来三大好处：

一是，为自己形成强有力的屏障，简单说就是"一直被模仿，从未被超越"；

二是，建立起用户对你的忠诚度，因为你是独一无二的，所以喜欢你的人更忠诚于你；

三是，让其他人无法在某个方面与你竞争，你就是你，独具优势且让人爱不释手。

那么，我们该如何打造出具有这三点的内容呢？具体来说，可以从以下三点入手。

1）要有独特的价值诉求

好的内容就是具有价值的内容，差异化体现在价值上，也是能够让用户通过内容区分品牌的因素之一。挖掘自己身上的独特价值，满足精准用户的需求。我们在挖掘自身价值的时候可以问一问自己以下问题。

① 准备把内容输出给什么类型的用户？这是你对自己的用户进行画像。比如，你想做的领域是情感领域，那么，你的用户就是在情感中出现问题而纠结、犹豫不定的人。

② 想要满足这类用户什么样的需求？你想要写出高辨识度的文章，首先要清楚，这篇文章要满足用户什么样的需求。

比如，情感类的文章，爱情、友情、亲情，你的用户更想得到哪一方面的内容呢？比如，婚姻里的夫妻俩出现了问题，你写一篇如何跟婆婆相处的文章，用户需要吗？她需要的是如何和另一半更好相处的文章。

所以，明确用户需求才能写出与用户产生共鸣的文章。

③要输出什么样的内容？根据用户需求，确定文章内容。

2）要做出明确的取舍

很多人在创作内容的时候特别容易犯一个错误，就是什么都写。

小W擅长写各种类型的稿件，育儿亲子类、情感类、时评类，挺全能的，最厉害的是她给甲方写的稿子，每篇都能得到甲方的认同。

但是，她在打造个人品牌的时候，在平台上展现出来的文章五花八门，没有规律。今天写的是财经分析，明天话锋一转，又来了一个点评社会热点新闻的时评，后天有感而发又写了一篇情感文。每一篇文章都不错，但是打开她的主页，看到各类文章标题，会觉得她好像什么也不专业。

小Q一直坚持写书评和影评，她的书评和影评并非毫无关系。她的书评往往是针对那些已经改编为影视剧的图书，此外，她还会相应地写一篇影评。在很多人吐槽影视剧改编得不尽如人意的时候，她不紧不慢地先把原著看完。基于原著的书评和影评更能引起读者和观众的共鸣。

所以，大家都喜欢关注、收藏、转发她的文章。

其实，小Q是一名专业的财经编辑，专门写财经类文章。用她的话说，写财经稿是为了养家糊口，写书评、影评才是自己喜欢的人生。

小W什么都写，结果效果并不好，让人觉得哪方面都不专业。而小Q垂直于一个领域笔耕不辍，一方面写得多了，内容有明显的提高；另一方面写得越来越专业了，大家就都以她的内容为标准。

正所谓"鱼与熊掌不可兼得"，有些人因为想要的太多，不愿意取舍，所以输出的内容缺乏辨识度。每个人的精力有限，不可能面面俱到，有个明确的定位，就能更好地使内容体现差异化，使之有更高的识别度。

3）不断创新

创新是最能保证内容差异化的方法。这种创新是指从未出现的内容，能满足用户从未出现过的需求。比如，罗永浩提出的"工匠精神"，周鸿祎提出的"大安全"，这两个名词是新的概念吗？显然不是，但是，为什么一说到这两个概念，大家想到的是他们。因为他们从原有基础上把这两个概念改得更加深入人心。

在原有概念、内容上进行再加工，不仅可使其成为具有差异化的内容，而且还有可能成为具有代表性的原创。可以从自己以前输出的内容和其他人输出的内容中进行创新。

（2）从个性化入手打造高识别度内容

比如，以观点文出圈的两个公众号："王耳朵先生"和"李月亮"，这两个公众号都是紧跟热点和社会评论写出观点文。同样是观点文，但是，一看就知道到底是谁家的文章。

做得非常好的公众号都有自己的特点。即便是针对同一件热点事件，观点也是同样的，但是每篇文章有其个性化的风格，内容辨识度高，通过文章的风格就能区分是哪一家的内容。所以，很多公众号投稿须知里都强调"关注公众号，了解公众号风格"后再进行投稿。

••••••• 小结 •••••••

要想写出具有强烈的个人风格和高辨识度的文章，可按照以下三点进行。

① 原创，至少思想是自己原创的，来源于真情实感的文章肯定会和别人的不一样。千万不要做洗稿、伪原创这种事，做多了就会失去独立思考的能力。思想是不会被人复制的，所以，从你的思维、思想、逻辑出发的内容，也将是最具辨识度的内容。

② 含义必须是独特的。

③ 内容上要有自己的特点，就是个性化的东西。

6.2 拒绝跟风与抄袭，坚持原创为王

想要通过内容打造个人品牌，就不能有任何"抄袭"的念头，应该坚持原创为王。

原创的优势：

① 原创的东西烙印着你的特性，喜欢你的人实际上是喜欢你的风格和性格；

② 很多搜索引擎对原创内容十分友好，原创会得到力度更大地推广；

③ 原创是源源不断的，只要你坚持汲取知识和素材，你的内容就会常更常新，而跟风很容易跟偏，抄袭最终会让自己人设崩塌。

当某个社会热点事件发生的时候，各大公众号都会争先恐后地输出相关的文章。例如之前沸沸扬扬的某明星犯罪事件，不同公众号发出的文章，角度却截然不同：

角度一，未成年女性该如何保护自己；

角度二，流量明星是否该具有所谓的特权；

角度三，该事件反映出管制粉丝圈，刻不容缓；

角度四，提倡多关注老艺术家，让演艺圈能够树立清正之风。

一样的案例，却有着不同的内容。只要是原创，就会找到自己的思维出发点，会具有不同的视角，从而创作出和别人不同的内容。

拼拼凑凑的文章似乎也参与了热评，但是，受众不喜欢也不关注这样的内容，搜索引擎也一样。

思维决定着我们的文章怎么写，那么，我们该去哪里找可以扩散思维的点呢？可以分为以下三步实施。

第一步，找有趣的点。

给大家提供一个思路，比如，社会热点事件之后会有很多自媒体人蹭热

点,他们的文章你喜不喜欢两说,可以从评论中找灵感;又比如,知乎上,每个问题下面都有各式各样的回答,总有一个回答能够激发你的思维;再比如,在"悟空问答"这个栏目里,数不胜数的问答,总有一条你感兴趣并且让你感觉自己可以根据这条问答写出一篇文章来。

知乎上有一篇文章《如果你的孩子被别的孩子打了,你该怎么办?怎么教育他》,有387人收藏,关注度还是比较高的,文章下面的答案很多,不同的人有不同的看法,你可以这么做:

① 整合所有人的看法,加上自己的观点形成一篇原创的文章;

② 将其中某个看法发散延伸出一篇文章;

③ 根据这篇文章,换个角度来讲,比如你可以写一篇《小学时被人欺负没还手的我,长大后开始后悔》。

所以,原创不一定要凭空去想,也可以从别人的回答、文章中得出自己独有的结论。

第二步,拟定标题。

写文章的时候,先拟定一个标题。如果标题无法确定,可以通过一些工具,比如,乐观号、易撰、自媒咖等爆款标题工具,你只需要输入关键词,比如"孩子被打",就会列出很多相关的标题。

可以根据自己的需求选一个,比如出来的很多爆款标题里,你觉得"家长群炸了,孩子被打,要不要打回去?这位教授说得太好了"很好,就可以直接用,然后围绕着这个标题写文章。这个标题也很明确地给出了方向:

① 家长群炸了,可以作为故事开头;

② 孩子被打了,把过程写下来,引起大部分家长的共鸣;

③ 要不要打回去?这个疑问问出了很多家长的心声,因为家长也想要知道答案;

④ 这位教授说得太对了。把教授关于这个问题的演讲摆出来，借用教授之名给出答案。

完完整整的一篇文章，也不存在抄袭，而且光看标题就觉得很有共鸣。

第三步，创作内容输出。

内容输出就是用自己的话阐述一件事，一个观点。比如上面提到的，标题有了，大纲也有了，剩下的就是自我发挥了。

········· 小结 ·········

只要你有思想，会写作，原创并不难，难的是如何找到更多可以写的点和更多可以发挥的选题。在这里有以下几点建议。

① 多看。找到一些阅读量在十万以上、百万以上的公众号、头条号等，多看看别人是怎么写的，总结其标题、结构的特点。

② 多找观点。我们自己的观点有时候会比较狭窄，可以在知乎、头条或者公众号文章下面的评论里找到更多的观点，把自己感兴趣的观点提炼出来，延伸出一篇文章。

③ 原创就是用自己的话去阐述一件事、一个观点，因为每个人都具有自己的思维，所以，你想的肯定和别人的不一样。一百个人看《哈姆雷特》就会有一百个哈姆雷特，一百个人写《哈姆雷特》同样会写出一百种《哈姆雷特》。

6.3 观点犀利、三观正确，用户才会认同

现在的人们很喜欢看观点鲜明的文章，最讨厌看到的是打太极、和稀泥那样含糊其词、没有立场的文章。

所以，在产出用户喜欢的文章之前，需要看看自己想要写的内容是否具有以下几点。

（1）内容跟用户有关系

内容和用户有三个关系，即有用的、有趣的、有感染力和价值观的。

① 有用的。有用的内容信息是基础的价值，例如罗振宇推出的"罗辑思维"就是对知识进行收集和整理，然后提供新的知识，传授给用户。大家对有用的内容往往慷慨解囊。所以罗振宇的"逻辑思维"在会员上线之后，被秒抢。

当下，很多人都有着各种不同的焦虑，比如知识焦虑，技能焦虑，都希望能够在工作之余提升自己。网络上的直播课程、线上课程等是最好的学习渠道。所以，一旦你的内容对用户有用，就会有希望成为爆款。

② 有趣的。有趣的内容用户很乐意与他人分享。有趣的不仅仅是小故事、小八卦，还可以是一些轻松的文章，这些内容不用动脑子，而且相对来说娱乐性很强，很容易受到用户喜爱。

③ 有感染力和价值观的。比如，很多文章教别人什么事如何做，这就是很有价值的内容。举个例子，很多人想减肥，有的文章教大家更好、更健康的减肥方法，这样的文章就具有感染力并传递了价值观。

（2）品牌生命周期不同，内容体系是不一样的

产品是有生命周期的，同样的，品牌也有生命周期，不同阶段提供的内容是不一样的。

· 初期：利用内容来提高品牌、产品的知名度，让更多人知道这个品牌和产品。

· 成长期：利用内容来提高品牌、产品的美誉度，通过内容反复强调产品的价值，从而增强用户黏性。

· 成熟期：利用内容来提升用户对品牌、产品的忠诚度，这时候很多用户已经知道了这个品牌，但是我们需要给予用户提醒并提升其忠诚度。

（3）会讲故事，而且是有观点、传播正能量的故事

故事不是胡编乱造，一定要忠于品牌、基于事实。

各种故事当中，普通人的故事是最能打动人的。我们绝大多数人都是普通人，过着平常的日子，一些自然、真实、有情感的故事往往更能打动用户，使其产生情感共鸣。

•••••••• 小结 ••••••••

写文章一定不要盲目，而是要有目的，并且需要展现出你的观点。

① 用户喜欢看的文章，往往是具有独到见解的文章，观点犀利且论据充足。

② 用户喜欢看的文章，往往是能够传播正能量的，能够让人觉得三观正确且与用户的三观相符。

③ 用户希望看到的是"坏人一定得到惩罚"的文章，因为这是大家的情感所需，谁也不想看到坏人得逞的文章。毕竟，每一个人都希望自己生活在公平公正、阳光灿烂的世界。

如果你在打造个人品牌时还保持着一种高高在上的姿态，不去真实地展现自己的观点，那么，用户只会觉得你的文章里里外外透着虚假。

要记住，做内容是一个长期的过程，不能一蹴而就，需要一定的时间和耐心。

6.4 真实的好内容才能引发共鸣

共鸣是指思想上或感情上因相互感染而产生的情绪。对于读者来说，就是与其相同或相接近的情感引发的一种情绪共鸣。也就是说，只要了解读者对某一事物的情感，然后发生相近的情感频率，你和读者之间就会产生共鸣。

那么，如何写出有共鸣的文章呢？具体有以下几个办法。

（1）不吝赞美

每个人都喜欢被赞美。了解精准用户并对他们发自内心地赞美，他们会觉得你很懂他。相同或相近的感情会迅速拉近两者的关系。

（2）指出对方遭遇的困境

用户处于某种困境或者处于感情低谷的时候，你用文章替他们发泄几句，他们就会觉得你是最懂他们的知己。

首先，找到用户的痛点，即正遭遇的困境，比如没工作、经常搬家、单身、肥胖、皮肤差，等等。接着，针对此困境，与用户共情。要注意，尽量不要用攻击性太强的标题，否则会让人感觉是在刻意地引起焦虑。我们只负责唤起共鸣，但我们拒绝贩卖焦虑。

（3）给出解决方法

解决问题的内容大都会引起共鸣，比如：

"毕业了，该如何做好租房攻略"；

"求职时，怎么做才能让HR记住你"；

"双减政策下，怎么陪伴孩子度过晚上的时光"。

针对用户可能遇到的问题，给出一个合理的方法，这个方法是用户愿意听到的，而且是可以照着做的。

值得注意的是，除了告诉用户具体怎么做之外，还可以告诉他坚持下去会收获什么。比如，这条路的终点，有微笑，有朋友，有希望。举个例子，NewBalance公司推出的广告片《致未来的我》，"跑下去，天自己会亮"这句广告词让无数喜爱夜跑的人心动不已。

大家需要这样的希望，也需要可供参考的解决方案。毕竟，每个人在生活、工作中都会遇到这样那样的问题，你的解决方案不管对他有没有实际用处，在他看到你的文章时，就能感觉到，原来自己并不孤单，总有一些人关注到他所处的困境，并给出了似乎看起来还不错的解决方案。

小结

怎么写引起共鸣的文章？就是让文章戳中用户的痛点，但是，我们又不能刻意制造焦虑，总结为以下几点。

① 写文章之前，需要了解你的用户在哪些方面会遇到哪些问题，如果找不对痛点，就无法戳到用户心里，就不可能引起共鸣。

② 能够引发共鸣的文章，不一定是激发焦虑、扩大焦虑的文章，反而有可能是充满赞美、令人愉悦、提供方法方案的文章。你需要通过文章传递你的价值，从而与用户达成更深层次的信任关系，看了你的文章，会感觉到积极向上，温暖美好。

③ 引起用户共鸣的文章，大都是基于用户对某个人或某件事的情感，从而感染用户，是真情实感的体现。当然也会有一定的技巧。

引发用户共鸣的文章，一定要三观正、具有正能量，这样，你就会像是一道光，用户会循着光而来，从而关注你，成为你的粉丝。

>>> **案例1：为什么大家都喜欢"李月亮"**

因为她的内容有三个特点：

① 传递正能量；

② 会讲好故事；

③ 文章带来了价值。

我们以坐拥38万常读用户的百万级感情公众号"李月亮"来分析一下，为什么她这么厉害。

首先，"李月亮"是知名杂志《读者》的签约作家，作品常常见于《青年文摘》《女友》等知名期刊，文笔很棒。

其次，"李月亮"对于用户有精准的规划，其公众号的粉丝以25～50岁的一二线城市女性为主，这一类女性大都追求自我成长、观念比较新颖、习惯关注热点。

最后，内容好，常读用户比例达到38%，体现了公众号内容的粉丝黏性，也体现了粉丝对于"李月亮"的依赖和信任。这也是源于，"李月亮"所写的内容能够与广大粉丝产生共鸣。

"李月亮"在公众号打造过程中，了解粉丝喜好，贴合粉丝阅读习惯，保证内容足够新颖，保证输出的价值观正确并且具有吸引力。

好的文章都能够走进用户的精神世界，而不是让用户走近你。"李月亮"打造出来的文章，传播力量很大。2020年，一篇《武汉疫情暴发12天：这17个普通人的故事，看哭了……》就有1600多万的阅读量，40多万的转发量，以及3000多个评论。

不仅如此，这个公众号的内容常常被其他公众号转载。就连该公众号发出的广告也都吸引粉丝，很多粉丝表示广告文章有时候就像一篇质量上乘的推文：好看；输出价值观，保证品质；不让人反感，容易接受文章中推荐的商品。

所以，好的内容、好的文字永远有市场。

不只是"李月亮"，还有一些大家耳熟能详的公众号，开始都是一个人打造，慢慢地形成工作室，如桌子的生活观、王耳朵先生、写故事的刘小念、VOGOO崔老板、甘北、凯叔讲故事等公众号，都是依靠优质内容打造出来的个人品牌。

▶▶▶ 案例2：新号上线破10万，她用内容俘获人心

在知乎上，有一位姑娘，她的文章被大号多次转载。

这个姑娘创立了一个公众号账号，用了4个月推送了41篇原创，其中被大号转载了23篇文章。她的一篇文章被转载在一个非常大的公众号上，短短几个小时阅读量就破了10万。

写出阅读量10万以上的文章，大概是每一个写作者的梦想。

其实，这位姑娘的写作之路并不顺利，大概经历了三个阶段。

第一阶段是成文困难。刚开始写作的时候，一篇文章，她只能写到七八百字，哪怕是强行东拼西凑，最多也只能写到1000字。这个时候，总感觉能写的内容很有限。现在往回看，就是文章的观点不够深入，故事也不够精彩。

第二阶段是文章的字数符合要求，能够达到1500字以上，能把一个观点、一个故事讲清楚，但是投稿的时候经常被拒。存在的问题是文章过于自娱自乐，不符合新媒体的要求或公众号的调性。

第三阶段，文章符合新媒体要求，上稿率也高。这个时候，通过写作实现变现，不再是一件难事。但是，即便到了第三阶段，也没有达到10万以上阅读量的水平。

在她坚持4个月之后，终于等来了自己的第一篇十万阅读量爆文。

文章被大媒转载，阅读量10万以上，她是如何做到的？有以下几点供公众号运营者参考。

① 拒绝自娱自乐，关注读者感受的文章才会更受欢迎；

② 给读者带来收获，能够传递出有价值的观点；

③ 清晰地表达出每一个正确的观点，文章里面不要吝啬使用金句。

微信上每隔一段时间，就会出现一篇爆款文章。这些文章之所以能够成为爆款，一定有其可取之处。经常研究爆款文章的优点，有助于我们取长补短。可以从文章的选题、结构、故事、观点等方面来进行分析，思考一下这篇文章好在哪里。

分析完爆款文章之后，还需要思考一下，自己的差距在哪里，是故事不够贴切，观点不够深入，还是逻辑不够严谨。找出差距，不断地完善，久而久之，一定能够有所进步。

写文章本来就是一件不轻松的事情，要有持之以恒的精神。只要我们坚持下去，就离成功不远了。

第三部分

个人IP打造的流量体系

第7章

打造属于自己的私域流量池

私域流量是变现的重要渠道。前文讲过，一个非常有名的游戏解说主播最终因为入不敷出而不得不停播。这位游戏解说主播拥有近200万粉丝，但是，这些粉丝都集中在今日头条这个公域流量池中，主播的营收完全依靠今日头条的播放量，而播放量所产生的收益无法支撑一个主播的日常生活，所以他不得不放弃。

如果这个游戏主播将公域流量引流到自己的私域流量，或许就不会这样惨淡收场。很多人在公域流量上拥有百万粉丝，但却无法靠着粉丝实现个人品牌变现，原因就在于没有打造出属于自己的私域流量。

只有将公域流量转到私域流量，在自己的"阵地"继续和粉丝们保持良好的互动，才有利于提升转化率，达到变现目的。

这一章讲的就是如何打造出属于你自己的私域流量池，让现有粉丝裂变，构建出一个品牌价值不断上升的闭环系统。

7.1 打造个人品牌一定要做社群营销

社群是什么？百度百科上是这样解释的：社群简单认为就是一个群，但是社群需要有一些它自己的表现形式。比如说，社群要有社交关系链，不只是拉一个群，而是基于一个点、需求和爱好将大家聚合在一起，要有稳定的群体结构和较一致的群体意识；成员有一致的行为规范、持续的互动关系；成员间分工协作，具有一致行动的能力。

所以，社群就是以人为本，是一个可以实现私域流量变现的阵地。

社群营销是什么呢？简单来说，社群营销就是"变现的过程"。

社群将不同类别的人聚集在一起，大家以购买产品为目的，或者因为对某种产品的热爱而聚集在一起，社群成员各有特色，各有热爱，但对运营者的忠诚度比较高。社群就像运营者的朋友，给运营者带来更加稳定的经济。社群经济中的个体，比起粉丝经济中的粉丝，更加具有价值、更加具有参与性。

为什么打造个人品牌一定要做社群营销？因为社群私域流量是最适合运营的模式，因为社群更能够点对点沟通，更能让群成员直接触达微信个人号。

社群具有半开放的特点，不仅能够提高沟通效率，还能减小社交压力。社群营销的重点在于运营，只有运营得当才能让社群不断地壮大，最终实现社群中私域流量变现。

社群营销要注意以下几点。

第一，从小出发。不管多大的社群，最开始都是由小群开始的。这样一点点发展起来的社群，有一个最大的特点就是成员忠诚度非常高。

第二，学会连接。运营者要跟群成员成为真正的好朋友、好伙伴，建立情感连接。

第三，需要有凝聚力。运营者和群成员之间要有凝聚力，大家心之所向是一样的就比较容易聚在一起。

第四，谨慎挑选。一开始大家入群的时候，没有经过筛选，社群运营一段时间后，要进行取舍，将不符合社群要求的成员踢出群，留下三观一样、志趣相投的成员。

所以，运营者需要注意的是学会挑选，不能只在乎人数多少，而是要将注意力放在人群质量上。社群中保留质量高的成员，才能使社群氛围越来越好，也让社群更好地发挥它的作用。

小结

社群说起来好像比较陌生，换个词，"微信群""QQ群"，是不是就知道说的是什么了？这就是社群。社群就是将一些拥有同样目标、兴趣的人聚在一起，然后你作为管理者，精心打理这个社群，就是社群运营。

个人品牌为什么要做社群运营，体现在以下几点。

① 社群的管理者和发起者是你，进入群里的成员多多少少都是出于对你的信任，或者出于对你的产品、内容的兴趣。

② 在社群里很容易塑造出自己的个人品牌，因为大家能够更深层次地了解你，只要你自己不出问题，基本都能够将成员转变为客户。

③ 通过社群比较容易塑造自己，你可以在这里展现你的优势，也可以在这里培养你的粉丝，社群范围相对较小，因此传播的深度更深，力度更大。

7.2 构建百万社群私域流量池

私域流量池的打造，需要粉丝裂变而成，一个成两个，两个成四个，四个成八个……只有这样的裂变，才能让私域流量池慢慢扩大，最终构建出百万社群私域流量池。

将公域流量导入自己的私域流量后，如何让流量裂变，有技巧可循。

首先，在自己的私域里积极进行裂变。

把自己的微信名片推荐给社群成员，通过优惠活动、赠送福利、集赞送礼等方式，激发社群成员的积极性和传播动力，让社群成员们帮你推广转发和分享微信名片，进行裂变。

其次，在社群里与成员建立牢不可摧的信任关系。

在公域没办法得到流量时，在自己的私域里面人数比较少的情况下，需要更加耐心地培养社群成员的忠诚度以及信任度，让社群成员不仅仅是作为成员存在，更作为你的合作伙伴存在，让他们主动地去传播你的微信名片，主动拉新到微信群里，从而实现社群成员裂变。

最后，持续不断地产出好的内容。

不管用什么方式，最终落脚点还是在产品质量和内容质量上。如果社群成员觉得你的产品真的好用，他们会主动传播出去，让更多的人知道。

此外，在自己的社群私域进行裂变还需要注意以下两点。

（1）注意自己发产品信息的频率以及产品图片、文案是否让所有人感到舒适

因为一旦产品文案让一部分用户感到不舒适，那些只是因为想要购买产品而加你微信的用户就会直接拉黑你。

举个例子。一个漂亮女孩子走夜路发现被跟踪，用了一张卸妆纸巾，结果吓跑了跟踪者。这个广告丑化了女性，所以，一经播出，消费者直接抵制。同样的道理，如果你的文案或者图片令用户不适，就会被抵制。不仅不会发生裂变，而且可能直接退回原点。

（2）关注社群成员的情绪，不要操之过急

小Q加入了一个微信群，本来对微信群里面的产品很感兴趣，后来发现群主总是旁敲侧击地让她赶紧入手产品。本来对产品感兴趣的小Q，被不断地催

促之后，直接退群了。

本来是想实现裂变，结果把自己的客户都整没了，这就有点得不偿失了。所以说，想要粉丝裂变，一定要关注粉丝的情绪。而且对于刚刚加入微信群的新粉丝，要求不要太高，做好产品和服务，静待花开。

笔者有个项目"嗨推"是做互联网教育的，这个项目就是完全通过私域打造的，整体上由89个微信个人号和200多个微信群形成一个私域流量体系，额外搭配有嗨推的公众号流量矩阵体系，粉丝也超过50万人。如图7-1～图7-3所示。

图7-1 个人账号体系，89个"坏坏"品牌个人IP号矩阵

第三部分
个人IP打造的流量体系

图 7-2　部分微信群流量矩阵

图 7-3　公众号体系

这些私域流量的主要用处在于：

① 通过个人IP微信号形成私域流量基础；

② 为个人IP后端流量裂变增长作种子用户；

③ 为后续个人产品变现提供源源不断的动力。

········ 小结 ········

通过社群运营打造自己的私域流量池，我们都希望每一位社群成员能够分裂出更多的成员，但是，社群成员在和你的关系不那么亲密时，还要慎重，毕竟，做社群运营是需要前期投入情感拉近彼此关系的，建立信任之后，再谈生意。

① 社群运营不能急功近利，而是需要长期经营，先把感情培养起来，放眼未来；

② 社群的氛围一定要好，在管理社群时遵循和睦相处、友好互助的原则；

③ 想要社群成员成为粉丝，然后成倍裂变，首先就要尊重成员，而且，对于很多社群成员来说，你的产品很好，他很喜欢，但是自己买了用可以，向朋友推荐是需要动力和机缘的。这时候，千万别催，你只需要静待花开，不然可能直接失去一个对你和你的产品刚刚产生信任的客户。

④ 我们的终极目标是构建百万粉丝的私域流量，但是，如果你刚刚起步，可以从构建一百个粉丝的私域流量开始。如果你社群里的一百个粉丝都积极购买你的产品或者为你的内容付费，也是一笔可观的收益。

7.3 从0开始，如何"借"出大量粉丝群

很多刚开始打造个人品牌的人没有那么多的粉丝群，这时候怎么办？买粉丝吗？建议你不要花冤枉钱，一点用处都没有。只能想办法在现有基础上扩大

流量。

方法一，从公域里面"捞"流量。

从公域流量池里"捞"流量，就是从百度、淘宝、快手等平台上引流。比如，我们在淘宝上开个店铺，在产品图片或者其他图片上打上自己的微信，客服与客户沟通时，可以直接推荐其加微信沟通。把在淘宝平台公域流量推荐过来的流量通过加微信的方式，直接转换为自己的流量。除此之外，还可以通过占据某个长尾关键词的品类搜索结果的首页，来增加产品或店铺被用户搜索到的概率。

需要注意的是，别把"微信"两个字直接写出来，否则会被平台直接屏蔽，写"VX"或者"加V"大家也都理解，或者通过拼音、谐音、符号等方式来避开。

还有一些公域流量平台，比如拼多多、京东，审查相对严格一些，但也能够在与用户沟通的时候，告知其通过加微信能够获取更大优惠等活动，引导用户主动添加微信。此外，像58同城、社区小程序、社区APP等平台，很容易就能够找到精准用户。

在公域里"捞"流量，最关键的不是方法，而是你是否能够引起公域流量池里面流量对你的关注。比如，大家都知道通过图片等方式展示自己的微信号，可是，有的流量就是视而不见，或者看见之后也直接无视。原因就是在于你"捞"流量的工具不行。例如，一个店铺装修得十分有特色，特别吸引用户眼球，那么，这个用户会收藏店铺，当一个用户收藏了你的店铺，那么这个用户就在公域流量里走出来半步，如果用户在访问店铺之后，发现不管是店铺还是产品都让他满意，并且达成一次购买行为之后，再想让用户加入微信交流群，就容易很多。

所以，运营者需要在公域流量里做好基本功，能够让用户进店铺后就舍不得走，或者直接收藏店铺，只有这些行为发生，才会催发下一步的购买行为。此外，图片要精美、文案要精湛、客服要给力。当这些条件都符合之后，你会发现从公域流量池把流量引到自己的私域流量池，也不是件难事。

方法二，从别人的私域流量池引流到自己的私域。

① 花钱买别人的流量。

通过能够进行账号买卖的媒体平台，直接购买私域流量账号，可以把"大V"号直接入手，这些"大V"们动辄上百万的粉丝就变成你的了。

但是，这条捷径也并不好走。首先，购买"大V"账号需要的费用较高；其次，这些账号随便带个货都能赚得比卖账号多，所以，为什么会被出售？搞不清其中缘由就不要轻举妄动；最后，有些看起来流量很大的"大V"账号，就真的很美吗？上面的粉丝是真正的活跃粉丝吗？

在这些问题没有确切答案之前要慎行，别没有买到真正的"大V"账号，反而自己还被骗了。

② 间接转化别人的私域流量。

比如，卖彩妆的商家，可以在微博里多关注一些美妆博主，这些美妆博主的粉丝大多数都是女性，头部美妆博主发一次微博动辄就有十几万上百万的转发以及上万条的评论。商家可以在评论里做文章，比如，用评论引导美妆博主的粉丝关注你，然后觉得你可能是个专业又有趣的人，就会主动加你。

除此之外，一些热门的内容，比如在热搜上长居榜首不下的话题，都可以及时进行评论，评论中最重要的不是打广告，而是有个性、有态度。

注意两点，评论热搜榜上的话题，特点是流量大、竞争大、用户不明确，但是如果评论得非常精彩，也会有成百上千的点赞，从而在众多评论中脱颖而出；评论同行，比如彩妆的商家评论美妆博主的彩妆，特点是流量小，但却精准度高。

一个人最好拥有两到三个号，一个大号，一到两个小号，小号是用来打造私域流量池的号。评论的时候，用大号去评论，然后在评论区打出自己的广告，广告内容就是"感兴趣的用户可以关注小号"。

但是要注意，通过评论去引流很容易被平台监测到，因此，一个小时内评论两到三次就好，太多的话可能会被系统禁言。反正你的目的就是引流，也没必要太频繁。

③ 找相关的流量大咖合作。

直接通过合作，光明正大地从对方的私域里将流量导入自己的私域。

7.4 让粉丝倍数级裂变

有一定经验的运营者都知道，在拥有一定的用户之后，想要成功地推出产品展现给用户并不难，难的是如何将用户和产品有效地结合在一起。

对于粉丝数量不多的运营者，刚开始拥有了一些用户，想要提升产品销量，就要考虑产品本身、运营方式、用户兴趣，等等。所以，一开始的时候，我们还是要建立一个微信用户的交流群，在交流群里可以按照产品种类、用户兴趣、用户销量等进行分类，让每个用户既能感受到自己在你这里的与众不同，也能够拥有一批与自己志同道合的好友。群里公布每天的活动、优惠福利，用户能够及时购买到自己所喜爱的商品，与此同时，用户会把你的信息发布在他们的朋友圈，或者直接拉新用户进交流群。

社群裂变海报如图7-4所示，在微信后台可以设置微信裂变的活动内容，如图7-5所示。

要想将现有流量进行倍数级裂变，对于微信里面的老客户，运营者必须非常用心地经营。这些老客户是对你的产品和品牌有了认知度、认可度的群体，他们会主动将你的产品、品牌、微信等传递到微信朋友圈、其他微信群等，他

图 7-4 社群裂变海报实例

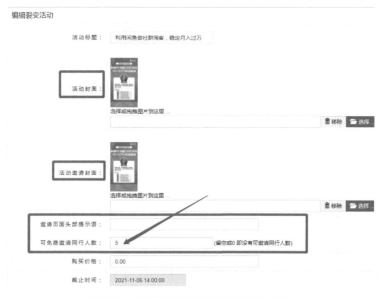

图 7-5 微信后台可设置裂变活动内容

们具有的忠诚度是基于对你个人的信任和信赖。

有些商家也会通过给老客户优惠来拉新。比如，一个绘画班，只要老客户成功介绍四位新用户付费，老客户就会得到相应的优惠，如获赠一个月的课程，也就是四节课，或者下次缴费时直接减免400元钱等。这样的活动实际上是激励老客户为商家拉新，如此一来，对于商家而言，就呈现出辐射状的流量裂变形式，迅速扩大了商家的私域流量池。当然，前提是商家的产品、服务、教学质量的确值得老客户动员身边的人报课程。

小结

很多人都希望自己的粉丝像核弹爆炸一样，突然之间就成倍增加，但是，在目前的大环境下，这样的核弹式裂变基本是比较难的。打造个人品牌，增加粉丝是一个长期的过程，在这个过程中，不仅是积累粉丝，更是积累自己的经验。

① 谁都希望拥有千万粉丝的个人品牌，但是，千万粉丝不是一夜之间实现的，而是在长期积累过程中慢慢涨起来的，所以，不要着急，刚开始一定要稳住。

② 当我们有了一个粉丝，就要用心留住他，并且让他愿意"自我裂变"。当他邀请来三四个朋友时，我们就要把这几个新用户转变为自己的粉丝，然后再让新用户拉来他的朋友，依次这样下去，你的粉丝数量很容易实现倍数级裂变。重点是，你是否做好了把所有进群的人都变成粉丝的准备？你是否做好了将裂变的客户们留存在你的私域流量池的准备？

如果没有，现在可以开始做准备了，粉丝裂变都是这样的过程，简单来说，就是你所打造的个人品牌的口碑相传。

7.5 让裂变的客户留存在流量池

第一步，了解用户，最好的方式就是做出用户画像。

之前我们也提过很多次，对自己的用户进行画像，清楚知道你的用户群体特征，并提炼出该群体的共性。也就是通过打标签并进行评分的方式给用户清晰画像。

画像之后，就可以给用户贴上标签。

一类是显性的，很容易能够看到的标签。

· 基本属性：性别、年龄、所在地、手机号、邮箱号、注册渠道等。

· 社会属性：职业、家庭状态、婚恋状况、受教育程度、资产情况、收入情况等。

· 兴趣偏好：摄影、旅游、美食、运动、音乐、教育、美妆、服饰等。

另一类是隐性的，不容易被看到，需要对一些数据进行研究才能得出的标签。

· 用户行为：登录次数、登录时长、浏览内容、注册时间、评论、点赞数、分享次数等。

· 用户消费：固定时间段的消费金额、消费频次、首次（末次）消费时间等。

对用户做标签还可以从用户、产品、渠道三个维度来进行划分。

第二步，洞察关键点，给用户推送精准内容。

通过标记了解自己的用户，建立一个清楚的体系，比如将用户画像精细化，构建用户人群特征，从而清晰地追踪到用户交互点，针对每一个点实施不同的跟踪策略。

比如，用户刚刚裂变成为你的新粉丝，你需要关注他的状态，通过触发消息模板将你的关注传递给用户，并且为他带来一些更好的福利，如转发内容获得福利或奖品等，促使粉丝继续进行裂变，实现信用的再次增长。

切忌着急，如果新用户刚刚转化为粉丝，你至少要等1~2周，让新用户经历一个完整的产品体验周期，从而稳定下来。这时候，留存下来的用户，流失速度会变慢，黏度会变强。

这一步最重要的就是通过产品设计和运营手段，强化用户的黏度，用礼品券、现金券等搭建与用户之间的桥梁，帮助新用户转化为付费用户及忠诚用户，从而促使老用户主动帮你拉新、裂变。

第三步，加大用户离开的成本，减少用户流失。

很多人发现，拉新来的用户不久就会流失。我们在打造个人品牌或私域流量的时候要注意，当粉丝关注你之后，他们离开的成本太低，就会很容易离开；如果离开的成本较高，反而不会离开。

如果你在打造平台吸引粉丝的时候，让粉丝多在平台上付出一些时间、精力、金钱、感情，就会促进粉丝的留存。谁都一样，自己付出的越多越舍不得离开，离开的成本越大，越不能离开。

这些愿意投入时间、精力、金钱、感情的用户，我们将其定义为核心的忠实用户，把他们维护好，对整个平台非常有帮助。一个活跃的意见领袖会持续带动更多的粉丝和用户。

第四步，加强用户体验，提高产品本身优势。

上一步是用最简单直接的方式留存用户，但是，很多人不在乎投入的金钱、精力，这时候，又该如何留存？其实就是一直输出高质量高性价比产品、高质量高价值内容，让粉丝觉得自己的离开，有损于自己的利益。

每一个做个人品牌的人都要清楚，好的产品、好的内容才是用户留存的根本。建议第三步、第四步双管齐下，一方面让粉丝投入，另一方面让粉丝舍不得。只有这两种情况同时存在，粉丝的黏度、忠诚度才是最高的，才能实现有效留存。

●●●●●●● **小结** ●●●●●●●

裂变的重点不是增长，而是留存，无论是做社群还是其他用户运营工作，不能只考虑用户增长的部分，重点是要多考虑用户增长之后，如何通过精细化的运营让用户留存下来，成为品牌忠实用户。

① 先要做画像。只有标签做得细致，才能更了解你的用户。

② 精准推送内容或产品。因为有画像、标签，所以你就可以给粉丝精准推送内容。

③ 留存最简单直接的形式就是让粉丝投入时间、精力、金钱，在粉丝投入这么多之后，他可能会觉得自己如果轻易离开，成本很高。举个例子。有些带货主播给粉丝积分，买得越多后期享受的优惠和折扣越大，如果粉丝突然想去别人家买，他就享受不到优惠折扣，所以，在产品质量、价格相似的前提下，粉丝不会"跳槽"去别人家买。

④ 比较高级的留存方式是打造让粉丝觉得不可或缺的产品和内容。一般情况下，粉丝如果觉得你的产品或内容对他具有非常大的作用，价值很高，是不会轻易离开的。

>>> **案例1：微信群里的裂变**

现在常用的裂变模式，就是通过活动让粉丝裂变。比如京东金融一直在做的活动，老用户将活动内容转发给两个新用户，新用户关注公众号，老用户就可以直接获得相关的奖品。

这样的活动在微信矩阵常常用到。前文提到的王老师，通过出版情感类书籍、考取国家心理咨询师证书、开办情感咨询课程，最终做到了咨询一次每小时299元，并且有一个5000人的客户群。

她所用的裂变方式很简单，通过"H5（网页）+服务号"进行裂变，将用户引导到H5页面，然后1元锁定第一节课，或者9.9元购买基础课，让用户关注公众号，她在公众号设置了自动回复消息，让用户完成任务。用户如果邀请两名好友关注其公众号，就可以解锁第二节课，这样的裂变环节是通过自有的产品和服务号相结合来进行的。30天时间，裂变活动涨粉10万余人，付费转化达到8.5万次。

现在很多个人品牌在打造时，裂变的过程中都采用邀请两位新用户这样的模式，一是让粉丝没有压力，二是课程的吸引力足以让粉丝主动参加活动完成任务。

有句话说得好，心急吃不了热豆腐，裂变也是一样，你想让一个粉丝给你一下子带来十个人的裂变，是不可能的，这样你可能得不到裂变，粉丝也丢了。但是一个粉丝给你带来两个人的裂变是比较容易实现的，而且新粉丝也会在自己的基础上再次裂变，迅速而有效。

》》案例2：戳中痛点，才能够为后期的社群营销铺路架桥

说起最会写文案的品牌，很多人第一时间会想到江小白。

曾经，江小白靠着文艺走心的文案征服了广大消费者，其金句文

案广受追捧，让很多品牌看到了"文案"的力量。江小白可以说是最懂年轻人的白酒品牌，每句直击心灵的文案都说出了当代年轻人的心声。同时也让更多年轻人借着文案抒发内心的情感。

江小白为什么能够有如此优秀的文案，主要还是因为其戳中了消费者的痛点。

痛点，必须是与用户切身相关的话题。

那么，怎么挖掘用户痛点？

在目前公众号不太好做的环境下，越是垂直的内容越容易引起关注，比如，做一个专门针对"二胎家庭"的公众号。

有孩子的人对孕妇的痛点都略知一二，尤其年轻母亲的感受最为深刻。高龄二胎孕妇的话，痛点会更多，感受也更强烈。要做这个公众号，就要做出有价值的东西来解决其相关痛点：比如孕前营养补充不到位、保胎细节不完美、孕期检查不明了、月子养身效果不好等。

那么再细节的具有普遍性的痛点如何挖掘呢？

（1）找到种子用户一对一交流

征集种子用户是比较难的，但也是最有效的方案。如果有了一批孕前、孕中、孕后三类用户，长期输出价值再挖掘痛点就简单了。

（2）公众号发文、投票征集

公众号是挖掘痛点的好地方。只要做有价值的内容，就能吸引到精准粉丝。然后对精准粉丝做了解、征集小痛点，再帮他们解决小痛点。解决了一些小困难后，用户会感激你，黏度会越来越高，然后再进行下一步，征集更大的、更普遍的痛点，并开发解决方案。

（3）社群群体性挖掘

可以把一群人集中到一起，开个课，专讲他们最喜欢的话题，了解他们的需求并帮助其解决问题。掌握他们无法解决的痛点，再开发对应产品或服务。

第8章

具体渠道获取流量的方法

从哪里获取流量呢?

现在平台都是公开的:微信、百度、抖音、今日头条……

甚至淘宝、京东等电商平台,只要方法得当,就一定能获取到流量。

这一章就介绍一下在公域流量池获取流量的方法。

8.1 通过微信群获取流量

腾讯控股公布的报告显示,截至2021年12月31日,微信以及WeChat(海外版)的合并月活跃账户数达到12.68亿,而QQ这个老牌社交工具的月活跃账户数为5.52亿。

毫无疑问,微信已经成为全国最大的社交媒体,拥有一个12亿多用户的大流量池,是我们打造私域流量的最佳平台。我们可以把微信上添加的每一位好友,都称为微信私域流量。同理,在抖音上的好友就是抖音私域流量,在微博上的好友可称为微博私域流量。

微信的商业体系被用户不断地挖掘，为私域流量的价值带来了更多空间。通过微信社交媒体，可以产生微信号、公众号、微信群、小程序等多种渠道，也可以称为在微信平台上打造私域流量矩阵，使自己的产品、服务、品牌直接触达用户，实现引流和变现。

打造个人品牌，至少要有一个微信个人号。微信个人号本身是不具备流量导流性质的，但是如果将微信个人号放入微信群、朋友圈，后者通过短视频展现出来，就不一样了。

当然，不是所有的微信群都具备获取流量的条件，下面几类微信群记住绕开。

① 学校的班级群、年级群、家长讨论群。

② 职场人的工作群、客户群、同事交流群。

③ 家庭群、家族群。

接下来具体说一说，怎样通过微信群来获取流量。

首先，要保持微信群的活跃度，群里要有互动交流。

学会跟用户进行交流是运营社群私域流量的首要步骤，进而才能够打造信息体系、社交营销以及发展客户等。如果聊都不会聊，基本上就没办法在社群打造私域流量了。

其次，与用户产生信息交互。

一般来说有以下五个阶段。

第一个阶段，让用户先了解你。如果你和用户不是亲戚、朋友、同事、同学，你俩基本就属于没关系，你只能单纯靠着产品、内容来让用户感兴趣，从而让其了解产品。对于用户来说，目前处于考虑阶段。

第二个阶段，用户在考虑的同时，肯定会和你沟通产品或内容，这时候，你俩的关系走近一步，叫作潜在关系，他成为你的潜在客户。

第三个阶段，用户终于决定关注你，并且想要付费获取你的产品、内容了，然后你们达成了买卖关系，也称为交易关系。

第四个阶段，你的产品过硬，服务也很到位，于是，你给用户提出了一些使用建议。用户对产品很满意，在使用产品的过程中对产品和品牌也给予了支持态度，这时候你俩的关系在从弱关系到强关系过渡。

第五个阶段，用户复购，再一次购买你的产品，在体验服务和使用产品过程中，成为你的忠实粉丝。之后，他如果在朋友圈主动分享产品，就是对你的产品进行口碑传播。此时，你们的关系就变成了强关系，如果后期沟通不会出现大问题，你们之间就可能成为长久的关系。

在微信群里发展粉丝，至少需要以上五个步骤，不能着急。

小结

通过微信群运营获取流量是一个比较漫长的过程，心急吃不了热豆腐。在整个过程中，需要注意以下几点。

① 刚刚组建起来的群，关系往往是薄弱的，需要靠一些活动来拉近彼此的关系，也是靠这些活动来维持群的活跃度，可以及时发布一些促销活动，吸引用户下单。在用户没有付费购买你的产品之前，他只是群成员，不是你的粉丝。

② 管理群的时候，运营者一定要与每一位成员建立良好的关系。当然，遇到不遵守群规的成员可以直接踢出去，以保持整个群的良好氛围。作为管理者，一定要注意态度，不要一味迎合，而要展现出自己的特点，不卑不亢。比起带货群，想要打造个人品牌，更重要的是塑造自己的人设。

③ 面对一些个性十足或者总提过分要求的成员，要顾及大多数成员的情

绪，如果其言辞过分或者行为出格，总是与其他群成员发生矛盾，他在群里就会影响整个群的发展。因此，要学会取舍，保全大多数成员对你的信任度、好感度。

8.2 打造高价值的朋友圈私域流量

随着微信用户的规模越来越大，微信朋友圈的营销也越来越突出，依靠微信打造个人IP成为刚性需求。

但是，朋友圈毕竟是一个社交领域，想要通过朋友圈实现打造私域流量、引流涨粉、促进成交，还是有一定难度的。现在朋友圈里做营销的人越来越多，一个朋友圈简直能够等同于一个商业集散地。

在朋友圈营销获取流量最大的危机就是被拉黑、被删除或者被屏蔽。如何利用朋友圈实现私域流量变现，又不被朋友圈的朋友们屏蔽、拉黑，实际上也是有技巧的。

我们的微信通讯录好友少则四五百，多则四五千，这么多的流量是否能够通过个人号触达呢？

① 微信通讯录里的好友，基本是认识的，实际上已经形成了一种相互认可的关系。

② 可以通过朋友圈来传播信息，朋友圈相对来说是一个更值得信任的地方。比起今日头条、知乎，发到朋友圈的内容更加值得信任，更加能相信其真实性。

③ 个人号的好友是彼此独有的，其他竞争对手一般情况下很难获得你的个人号好友信息。个人号还有一个功能叫"屏蔽"，你可以在朋友圈屏蔽你的同行朋友。

④ 个人号还可以强行做一些事情。比如，可以强行在朋友圈发一些产品信

息，也可以强行找某位朋友单独聊天，直接将产品内容发到他的对话框。当然，前提是这位朋友没有因为你在朋友圈做生意而拉黑、删除你。

虽说微信私域流量不只是通讯录名单，但是，通讯录名单实际上就是你的流量池。不过，为了避免被拉黑、删除，还是尽量不要选择直接聊天的方式。

⑤发朋友圈是一个不过分打扰别人的非常重要的渠道。

发朋友圈有很多方式，纯文字、纯图片、图文结合、视频。建议不要纯文字；如果对方不在Wi-Fi环境中，可能不会打开看视频；因此，尽量选择图文结合的方式。当然，如果时间选择得好，在朋友圈发直播也是一个不错的方式。

总之，个人号发朋友圈，包括私聊都要注意内容，一定要克制文思泉涌的感觉，避免内容冗长、无趣、看不到任何意义所在；要做到精简内容、提炼重点、一目了然。

通过朋友圈，对你或你的产品感兴趣的朋友会在你发的内容下面留言，或者直接与你私聊，这时候，他就成为你的私域流量。

•••••••• 小结 ••••••••

朋友圈获取流量的方式很简单，但是难度也不小，虽然我们的好友通讯录中有动辄上千的朋友，可是，却难以分辨这些朋友中，哪些是精准用户。这就要求我们做到以下几点。

①端正心态，不要着急，坚持发朋友圈，但是，不能太频繁，就算没有人评论，没有人点赞，也不代表没有人看到。

②你传达的信息和传递的价值要能够引起好友们的注意。或许你都不记得和他是怎么互换微信号的，但是，可能就是因为你在朋友圈发了自己的产品，而他恰巧正在寻找这一产品，他就会和你联系。因此，不要没事儿就清理好友通讯录，只要没有达到好友数的上限，就将朋友们留存在通讯录中。

③ 持之以恒。通过朋友圈获取流量是一个漫长的过程。首先，你需要在朋友圈塑造好自己的人设；其次，朋友圈的好友们能接受你的人设；最后，你用自己的优势、产品等吸引对方，最终让他转变为你的用户、客户、粉丝。

8.3 通过头条号获取流量

头条号也算是一个超级大的公域流量池，这一节讲的就是如何运用技巧通过今日头条等新媒体平台的公域流量池给自己的私域流量池导流。

首先，注意自己所发布内容的质量。今日头条上有多种方式可供选择：文字、图文、图片、视频、图集，甚至是趣味测试，等等，这些形式几乎包括了所有的内容展现形式，只要你有好的内容，任何形式都可以在今日头条展现。

其次，管理自己的内容并增加曝光度。内容尽可能做到原创，然后手动更新、修改、置顶、分享到自己的微头条里。内容创作出来之后，要积极关注它的走向，关注阅读量，然后主动地把这篇内容转发到微头条等其他渠道，增加曝光度。

再次，管理内容下面的评论。今日头条里点击量很高的内容，评论也很多。有的运营者只顾把内容写得特别好，但是对于评论一概不管，这样做是不对的。虽然我们不需要把每一条评论都兼顾，但是应该选择其中一些比较典型的评论进行回复，做到与用户的互动、推荐。你的回复可能会让用户直接点击"关注"，这样你就在如汪洋大海一般的公域流量里面，圈到了一个属于你的私域流量。

最后，对已经关注自己的用户进行简单的画像，通过头条号后台的数据进行分析，也可以根据评论分析喜欢你的文章、转发你的文章的用户，到底有着怎样的特点，根据他们的特点和喜好，推荐他们需要的产品。

IP变现
个人品牌IP打造及变现实操

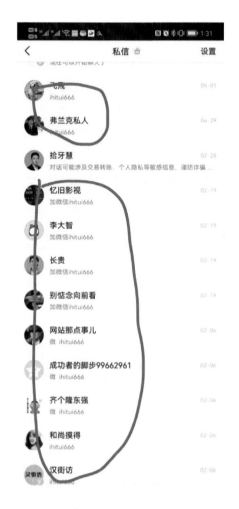

图8-1　通过今日头条内容输出引流到个人IP

图8-1即为通过在今日头条发布优质内容，引流到个人IP微信流量的案例。一般流程如下。

① 在今日头条发布优质内容，在文章尾部留下如下导流文案。

限于文章篇幅，本文仅做了部分内容讲解，如果想要了解交流更多，欢迎发送头条私信给我，一起交流成长！

② 当有用户发送私信时，可直接发送你的个人微信，如图8-2所示。

图 8-2 私信咨询

如今，很多个人IP都开通了头条号传播自己的品牌理念，对于用户来说，能够更好地获得体验；对于运营者来说，通过今日头条这个公域流量池能够引流到更多的用户。

而且，今日头条有一个优点就是好的内容会被一次次地推荐，有时候我们刷今日头条能刷到几个月前的文章，这一点对于运营者的好处就是，如果内容足够好，就会持续出现在用户面前。

•••••••• 小结 ••••••••

只要内容足够好，在今日头条上面获取流量是很容易的，但是，这些流量还属于今日头条公域流量池，跟你的私域流量池关系不大。

如何通过今日头条等公域流量池将流量导入你的私域流量池？

① 公域流量池的流量足够多的时候，你可以发私信。比如，推荐粉丝们到你的个人公众号去看更多相关的内容；或者推荐粉丝们加入微信群享受一些优惠、获赠小礼物等。

② 在今日头条创作好内容的同时，也要留出一些悬念，比如更多的内容需要加你的微信号获取，这样，想要看更多内容的用户就会加微信号或者是订阅号。而且，为了看更多自己想看的内容，加了微信号的用户黏度会比较高。这一点要求有能够吸引用户的优质内容。

③ 在今日头条里预告一些不在今日头条发布但极具价值的内容，让大家去关注微信号获取，或者关注微信号获取赠品，等等。实际上，在今日头条获取大量流量之后，可以通过这样低成本的方式将流量转入自己的私域，最终打造出一个自己的私域流量池。而且，转入微信私域流量的粉丝们，也会根据自己的需要自发进行裂变，慢慢地，你的私域流量池就足以满足你的需求，在公域流量不再容易获取的情形下，你也已经达到衣食无忧的状态。

④ 通过头条号导流至微信虽然是一种可行的办法，但是随着平台之间的相互竞争，这些导流的具体方法也将不断演变，因此在实操中一定要结合实际的情况，依据各个平台的规则来进行调整，避免给自己的账号带来不必要的处罚，比如限制发文等。

8.4 通过百度矩阵获取流量

百度矩阵的产品很多，每一个产品几乎都具有获取流量的作用。而且，百度作为一个众所周知的搜索引擎平台，它本身具有的优势是不可估量的。接下来就介绍一下百度旗下六款平台的获取流量和引流方法。

（1）百度百科

在百度上搜索某一个关键词，排在首页的一定有一个来自百度百科的词条。在百度百科上建立自己的词条，有利于传播自己的品牌，吸引关注自己的用户。而且，百度百科引流具有四个特点：成本低、转化率高、质量高、具有权威性。如图8-3所示为笔者创建的"嗨推"品牌百度百科，可以大大提高笔者个人IP"嗨推坏坏"的信任度。

图 8-3 "嗨推"品牌百度百科

（2）百度知道

百度知道是一个分享提问和答案的平台，和知乎的定位类似。百度知道的引流方法要比知乎强，因为百度知道相对于知乎的软文营销更具有真实感。百度知道引流的特点就是用户转化率高、没有链接、真实感强、用户信任度高。

我们在看百度知道的时候，会觉得这是在为自己答疑，而不是营销。但是，我们在知乎上搜索一些问题的时候，有时会觉得这就是营销，哪怕前面有故事作衬托。百度知道出现的时间久，又是百度搜索引擎下面的产品，所以在搜索关键词的时候，最先出现的一定有百度知道的内容。

（3）百度文库

百度文库是一个分享学习内容的开放平台，很利于运营者进行引流，关键有以下三点。

① 能够设置带长尾关键词的标题。百度文库里面的标题都能够设置关键词，轻而易举地吸引不少流量。

② 内容质量高就会增加点击量。好内容、高质量的文章不仅有高点击量，而且还会有下载量等，最重要的是，持续输出高质量内容，就会被用户关注。

③ 百度文库进行引流。百度文库的内容大多数都是从学术、专业的方面切入，用户也是因为此原因而关注你，所以，你们之间的联系是建立在专业的基础上，因此彼此更具信任度。

（4）百度贴吧

百度贴吧是以聚集兴趣相投的受众为主旨的平台。在百度贴吧能够找到你的精准用户群，加入相应的贴吧，发表一些文章或者图片，可以让与你志趣相投的精准用户看到，从而互加微信。

（5）百度经验

百度经验的权重没有百度百科、百度知道和百度贴吧高，但是，作为一个高质量外链，百度经验的引流效果是可圈可点的。如何利用百度经验获取流量呢？有几个需要注意的地方。

① 标题。百度经验里面，绝对不能出现广告，一定要学会如何在标题里面配备高度匹配的关键词。

② 内容。百度经验里面的内容一定不能加链接，但是，能加图片，而且措辞上要通俗易懂。

③ 原创标签。原创要添加原创标签，不是原创就不要添加原创标签。因为如果不是原创还添加原创标签，就会被封号，失去一个引流的渠道。

引导用户看到，并且把具有价值的内容展现出来，就能够轻松获取流量。

（6）百度搜索风云榜

可以在百度搜索风云榜寻找热门关键词，然后把关键词融进软文的标题、内容里，接着在各大门户网站、论坛等渠道发表这些融入关键词以及产品、品牌的软文。只要受众搜索关键词就能够搜到运营者发表在各个渠道的文章。如果文章内容足够有趣，质量够高，甚至能够给受众带来很好的阅读体验、阅读价值，那么，就能够让受众根据文章内容去添加运营者IP。

图8-4　在百度搜索笔者的"嗨推"品牌产品的显示结果

图8-4为在百度搜索笔者的"嗨推"品牌产品的显示结果，前四项分别是：嗨推官网、百度知道、嗨推官网、百度百科，由此也可以看出百度自身流量体系在整体搜索结果中的权重是非常高的。因此，如果你能够把个人IP名称在百度的百度知道、百度贴吧等相关产品中进行内容输出和引导，也会给个人IP的流量带来很大的帮助，可以获得更多的流量入口，以及通过百度为个人IP进行信任背书。

同样，如果在百度搜索笔者的个人IP名称"嗨推坏坏"，会得到如图8-5所示结果。

图8-5 百度搜索笔者个人IP名称"嗨推坏坏"的结果

排名第一的是笔者的个人博客，排名第二的是百度知道的多个帖子，这也无形中给笔者带来很多个人IP的曝光度，并提升信任度。

●●●●●● 小结 ●●●●●●

百度矩阵产品的确很多，而且有的在获取流量上的确能够大有作为，但是，百度矩阵产品有一个必要条件，那就是原创。越是原创的内容越容易带来更大的曝光度、更多的搜索量。通过百度矩阵获取流量需要注意以下几点。

① 百度百科的内容一定要有理有据，相对来说，百度百科已经有一定的权威性，因此，在编撰百度百科时，要尽量客观陈述。

② 百度知道是最容易获取流量的，比如，很多人会在上面找一些自己需要的资料，这时候，如果你有相关资料，可以不直接发表出来，而是通过让用户加你的微信、百度网盘等途径发送给对方，一是能够保证资料的保密性，二是能够获取流量。

③ 百度文库获取流量看的就是内容，如果真的是非常有用的内容，除了可在百度文库直接变现之外，还可以采取"加微信免费领取"的分享方式来吸引流量。通过有价值的文章来获取流量，获取的也是精准用户的流量。

④ 百度经验相对来说获取流量的能力要弱一点，毕竟经验都要体现出来，用户看完之后，最多是直接关注你。不过，对于只想获取流量这一点来说，百度经验也是可圈可点的。

8.5 利用抖音挖掘粉丝价值

如今直播和短视频盛行，利用抖音、快手这样的平台挖掘粉丝价值，对于打造个人品牌也是有意义的。

想要打造个人品牌的运营者开通抖音号，拍摄短视频到抖音平台发布，然后获取大量粉丝，接下来把粉丝导流进入自己的微信号进行运营。这样看来，通过抖音平台引流十分有效，将抖音流量沉淀到自己的私域流量池，获取源源不断的精准流量，降低流量获取成本，实现粉丝效益的最大化。

当抖音用户关注了你的账号之后，就要想办法把这些用户留在自己的流量池中。接下来通过不断地导流和转化，让这些用户从单纯地关注你的视频到关注你的产品，通过内容运营巩固用户的专一度，并且吸引更多的粉丝。只有长期不断地输出好内容，才会让私域流量池里面的用户越来越多，你也就离流量变现越来越近。

运营者都希望自己能够获得精准的私域流量，那么，如何通过抖音平台积累私域流量，方式和技巧极为重要。

（1）在抖音账号中展现出自己的微信号

抖音里不能大张旗鼓地展示自己的微信号，但是，在账号简介中可以根据"描述账号+引导关注"的原则，设置自己想要展现出来的微信号。

技巧一，在简介中，前半句描述账号特点或者功能，后半句引导关注微信，一定要明确地出现关键词"关注"。

技巧二，账号简介可以用多行文字，但是，在文字中一定要出现"关注"两个字，强化用户对你的关注。

技巧三，在简介中巧妙地推荐其他账号，不过，尽量不要直接引导加微信，也不能出现"微信"二字，而是通过拼音简写、符号，比如VX，等形式来暗示。

技巧四，引导用户给你发送私信，如图8-6所示，在私信中直接发送微信号，可以降低账号被限制的可能性。

例如，当有用户给笔者私信发送"666"时，就可以直接回复微信号，达到添加用户的目的，如图8-7所示。

图8-6　笔者的抖音号

图 8-7 用户通过私信发送"暗号"获取联系方式案例

注意，在抖音平台账号的名字里设置微信号是早期的导流方法，因为抖音对于名称中的微信号审核也非常严格，因此运营者在使用该方法时需要非常谨慎。

（2）做好定位、起好名字，直接引发用户关注

技巧一，名字不能太长，太长的话用户不容易记忆，通常三五个字就可以了。

技巧二，要展现自己的人设，看到名字就能联系到人设。此处所讲的人设，包含姓名、年龄、身高、喜好，等等；如果是企业，也可以按照企业名称、品牌名称等背景设定。

也就是说，通过抖音来获取粉丝、获取流量，第一步要做的就是吸引粉丝，有了粉丝才能继续挖掘粉丝的价值。

·········· **小结** ··········

通过抖音来挖掘粉丝价值，实际上就是让用户关注自己，最好能够导流到自己的微信上，如果不能，那就只能通过提升粉丝的黏度和信任度，从而在直播带货的时候实现粉丝经济。

本节讲了如何在抖音中传递出自己的微信名片，也说了要起个好名字，但是对于抖音运营来说，最重要的还是内容。

① 视频内容中最好展现出自己的个人号，因为抖音粉丝的跳槽速度太快了，黏度比较低。

② 名字、形象、内容都影响着你在抖音平台获取粉丝，所以，一个好的名字、一个好的形象和若干好内容才是你运营的重点。而这些设置的最终目的就是让用户喜欢上你、关注你、成为你的粉丝，从而让你在下一步挖掘粉丝的价值。

③ 谁都希望自己的视频或者直播一下子就火起来，但是，这一行竞争很大。所以，你要选好定位，再根据定位圈定你的精准用户，并且为用户做一个简单的标签，从而有利于你产出精准用户所需的内容。只要内容足够好，粉丝大都会买单。

>>> **案例1：各行各业获取流量的方式不同，但模式都相同**

不管你从事哪个行业，都希望能够获得更多的流量来支持你的业务。

举个例子，一个蛋糕店想通过线上卖蛋糕打造个人品牌，该如何获取更多的流量呢？

第一，通过微信矩阵。一是朋友圈发一些自己做出的精美蛋糕吸引受众；二是，时常举办一些吸引人的活动；三是，靠着一些小礼品让粉丝为自己裂变。这样，就会有更多对你的蛋糕有兴趣的用户。

第二，社交媒体传播，通过微信、微博、知乎、大众点评等为自己树立很好的口碑。让大家把评价发在朋友圈等平台，并且会有赠送蛋糕、蛋糕券的活动，比如，牛角面包买五赠一。这样的活动多了，你的面包蛋糕又做得很好吃，就很容易吸引更多新用户加入。

第三，裂变。老客户介绍来不同的新用户，就会获取价值不等的蛋糕券。这个渠道流量来源与客户的口碑宣传还是有些许不同的，尤其如果蛋糕店属于小区店型的话，更要重视这个渠道的流量，在经营时必须有意识地与老客户互动，建立店内的会员系统，将营销预算适当地对老客户或者会员倾斜，增加会员黏度，通过老客户带进新流量，这样的流量成本虽然会比客户的口碑宣传高一点，但是这是比较主动的一种做法。

虽然这里举的例子是餐饮，实际上别的行业也可以借鉴。比如，一家便利店想要增加自己的流量，可以打造一个微信群，时常举办一些活动提升群活跃度，从而吸引更多的流量。

>>> **案例2：通过百度矩阵一步步提升个人品牌，成为精准领域的专家**

小李最近接了一个活儿，一名刚进入保险领域的保险代理人自掏腰包请小李给自己做一系列的宣传，包括百度百科、百度经验、百度知道、今日头条、公众号，等等。

两个月的时间里，小李按照客户要求，写了大概十篇原创内容，包括百度百科、百家号、百度经验等，甚至还有百度文库所用的稿件。这些稿子并不完全是个人介绍，人物专访类的只有两篇，其他都是行业分析、各类险种分析，每篇稿子中都会出现这位客户的名字。

写完之后，客户又花时间将这些内容有计划地发表在百度的各个平台上，同时也发表在其他平台上。百度百科、百度经验、百度知道等百度矩阵是不需要花钱的，只要把符合平台要求的内容上传就可以了。

百度还具有强大的搜索引擎。有一次，小李闲着没事就搜索这位客户的名字，百度搜索结果展示了很多与其相关的文章，更有意思的是，小李发现这名普通的保险代理人如今已经成了他所在分公司的业务经理。

这位客户是怎么做到的呢？因为，他知道大家对保险代理人并不是很友好，所以，如果一直都以保险代理人这个身份开展业务会很难，不管是亲戚朋友还是陌生人，都会觉得他只是个卖保险的，所以，他花钱让小李写了很多行业分析、保险分析的文章，将自己打造成为一名专业的保险专家。

一开始的订单不是来自亲戚朋友，而是来自一个素不相识的陌生人。这位陌生人起初只是觉得他的文章很客观，来找他咨询，紧接着就成了他的客户。就这样，通过百度矩阵的文章，他把自己打造成了保险专家，尤其是在重疾险方面，他简直就是"行走的百科全书"。

其实，这样的成绩也来源于他对保险业务的深入学习，对保险知识的熟练掌握，他给自己营造出的人设实际上就是他在垂直领域为自己打造出来的个人品牌。当大家拿到他的名片，再上网一搜，就会觉得他非常专业，从找他咨询到找他买保险，也就成了水到渠成的事情。

所以，小李也在思考要不要把自己打造成为一个营销文创作领域里的专家呢？他对于百度矩阵的了解，能够让他为客户提供系统的个人营销解决方案。

个人品牌在各行各业对于任何人来说都很重要，能够提升个人价值，提高个人收入。把自己打造成为所在领域或垂直领域的专家，就会收获更多的粉丝和流量。

第四部分

个人IP打造的变现体系

第9章

变现模式

在互联网行业有一个公式：用户=流量=金钱。

也就是说当一个产品聚合了用户之后，这个产品就会产生相应的商业价格。

那么在已经具有用户之后，如何进行商业化规划呢？首先自身必须具备非常强的商业嗅觉，再从行业的发展规律以及用户体验的视角，包括自身资源的盘点，找准商业化方向，进行产品设计、界面开发以及全盘规划。

在此基础上再着眼于商业化的形式。那么，商业化的形式以及切入点都有哪些呢？本章将为大家一一讲解。

9.1 IP变现轻模式

在移动互联网时代，没有哪家互联网企业可以抛开流量谈利益，"用户=流量=金钱"依旧是颠扑不破的真理。

流量，就意味着有关注度。然而仅仅有流量是不够的，还需要拥有将流量变现的能力。

随着流量红利逐渐消散，获取流量的难度和成本不断增加。在这一前提下，我们只能再次挖掘流量的商业化特质，用更高效的流量变现方式来实现盈利，这样才能真正体现个人IP的价值！下面给大家罗列几种相对适合个人的轻模式变现方式。

（1）个人业务赋能变现

所谓个人业务赋能变现，就是在自己原来业务的基础上，通过个人IP所拥有的影响力，提升原有的变现能力和规模。

【实例一】薛兆丰通过个人IP影响力卖书

薛兆丰教授撰写的《经济学讲义》有多少人能看得懂？又有多少人会看？但是，5000册厚厚的《经济学讲义》在直播中一扫而空。原因就是，薛教授的粉丝来买单，她们崇拜的不是经济学，而是薛教授本人。薛教授在一些综艺节目中展现出来的睿智、幽默、可爱等特点吸引了粉丝们，也让很多人开始对经济学感兴趣。

这就是粉丝经济，直接且有效。

薛教授的书通过个人IP的影响力加持，不仅可以获得很好的销量，还可以进一步提升薛教授在整个行业的影响力，同时获得更多的业务变现可能。

【实例二】笔者本人通过个人IP影响力在抖音获客

笔者是从做淘宝客起家的，我们主要给商家提供产品推广获得佣金分成，因此如果我们想要更多的收入，就必须做到两点：

① 有更多的商家找我们；

② 有更多的推广分发渠道来和我们合作。

因此，笔者每天通过抖音直播来持续提升自己的个人影响力，同时把潜在客户通过建立私域流量的方式引导至微信，实现与更多商家的合作。如图9-1、图9-2所示。

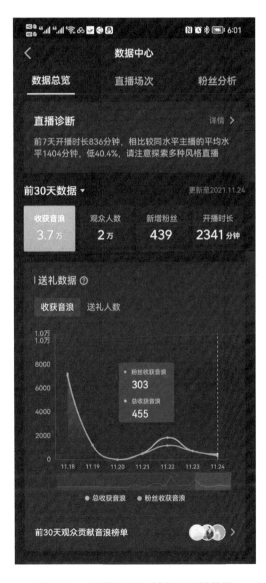

图 9-1 "嗨推坏坏"抖音号直播数据

图 9-2 通过直播引导用户进入抖音群,再引导至微信私域

（2）付费社群变现

社群就是把一些有共同兴趣、习惯、价值观、消费喜好的人聚集到一起。这类社群以团购群为主,是非常容易变现的。

那么,我们应该如何构建赚钱的社群呢?只要弄清社群分类,掌握社群框架的搭建方法,学会打造社群生态,找到适合的社群变现模式,你就能成为社群卖货高手。

在设立群的时候就要严格挑选群成员，比如，你想要打造一个团购群，就要找一些喜欢团购买东西的成员入群，然后你再通过自己的资源做一些团购活动。这样的变现方式不比粉丝变现慢，而且，特别容易维持，有利于裂变。

同样以笔者团队的实际操作为案例。目前我们通过抖音个人IP的影响力，已经建立抖音小店实操交流群4个，人数超1500人，每人收费299元，而这一切只用了两个多月的时间！如图9-3～图9-6所示。

图 9-3　4 个抖音小店实操交流群

图 9-4　其中一个付费交流群的交流截图

47245	2696458	xiaozhu - 1	299	299	微信支付	20.6
47243	9363404		299	299	微信支付	20.0
47242	9224588	鲁泽华	299	299	微信支付	20.0
47241	9204388	李伟斌	299	299	微信支付	20.3
47240	97426317	mona	299	299	微信支付	20.3
47238	18426474	@@@@@@@@@	299	299	微信支付	20.0
47237	968134027	康佳陈龙	299	299	微信支付	20.8
47236	司	不厌电商大雄	299	299	微信支付	20.8
47234	141917724		299	299	微信支付	20.8
47233	324018307	丫	299	299	微信支付	20.3
47232	31567042	?	299	299	微信支付	20.8
47231	wei866	白桦林¹	299	299	微信支付	20.1
47228	xue_97189242383	PREMIER美国格林健身器~Mr. Hu	299	299	微信支付	20.2

图 9-5　用户付费金额后台截图

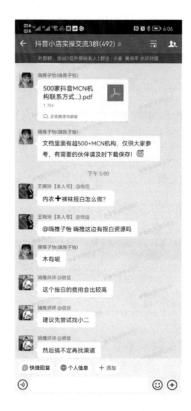

图 9-6 抖音小店付费社群报名介绍页面

（3）知识付费变现

越来越多的人愿意为提升自己而付费，离开学校的我们想要提升自己的知识储备，提升自己的专业技能，可以通过线上或者线下的培训课程。而且不能是时间集中的培训，因为大家没有那么多大块的时间，只能利用碎片化时间进行学习。

网上各类知识付费内容正好满足了大家的要求。

以"得到"为例。

"得到"的会员费用不低，但是，会员却抢都抢不到，因为大家觉得花钱买的课程，属于物超所值。也因为各位讲师自身的IP影响力，几千块钱的"得到"课程，几分钟被抢空。甚至上万元的课程，都需要排队报名。一是"得到"提供的知识的确是干货，能够让人真正地实现自我提升；二是在"得到"APP上学习，不需要集中的时间，可以按照自己的时间安排学习。

知识付费的大趋势让我们每个人都有可能把自己打造成超级知识IP，只要有才华、有知识、有经验、有变现能力，就能成为下一个知识"网红"。

••••••• 小结 •••••••

对于个人品牌，IP变现有非常多的方式，常见的变现方式主要有三种。一是通过打造个人IP的影响力来提高原有业务，可以简单地理解为当你成了网红名人之后，你的生意也会更好做，你自己就是一个行走的广告牌。这也是为什么很多人要成为IP以及明星的重要原因之一，尤其是在你原有的业务已经达到瓶颈、增长有困难的情况下，个人IP能够很好地对你的业务进行补充。付费社群以及知识付费变现这两种变现方式，也是很多素人拥有个人IP之后最常见的变现方式，相对来说难度更低，是不少个人IP的变现首选。

9.2 短视频直播带货变现

短视频直播是以某些因特定原因受到网民持续关注而走红的人为形象代表，在社交媒体上聚集人气，依托庞大的粉丝群体进行定向营销，从而将粉丝转化为购买力的一个过程。直播电商是网红经济的主要模式。

直播电商目前仍然是风口，不过，移动端显然要比电脑端更领先。

手机上的很多APP应用给了直播电商一个非常好的平台，购物从"人面对货物"转变为"人面对人和货物"甚至是"人面对人"。

有名气的主播都是有特点的，鲜明的人设再加上内容中输出的丰富情感，这些主播和用户形成了虽然没有见过面，但是信任度非常高的关系。

从商品来看，女装、食品、化妆品等消费品转化率比较高。

据有赞社交电商的统计：女装类目以21.2%位居直播转化率榜首，高出该类目的总体转化率3倍有余。美妆、亲子用品、日用百货类目的转化率也在15%左右。根据有赞的转化率排名可以总结出，高毛利率、体验性强、女性倾向的商品在直播中有更好的转化效果。

从用户端看，年轻用户是直播类内容的消费主力军，二线以上城市的用户占比较高。据QuestMobile（北京贵士信息科技有限公司）的用户画像标签统计，19～35岁年龄段的用户是我国移动互联网购物的主力人群，占比近七成。

从平台角度来看，淘宝用户最年轻，占据了最具网购潜力的年轻群体。快手和抖音的用户年龄结构比较接近。三家平台的用户年龄集中在19～35岁这一区间，其中淘宝的19～35岁用户占比高达73.2%，而抖音、快手在该区间的用户占比接近，分别为69.40%、67.70%。在40岁以上用户的区间中，淘宝的占比最小达8.8%，抖音的占比最大为12.5%。

直播电商正处于迅速发展的历史性风口。

抖音告诉我们，要出名15秒就够了。抖音的品牌传播价值及营销价值日趋凸显，拥有粉丝就拥有了巨大的财富，其中，短视频直播带货本身就是在变现。

上一节讲述了三种适合个人IP的轻模式变现方式，相对来说，短视频直播带货的变现方式会复杂一些，对于团队管理的要求也更高一些。下面给大家梳理一下部门运作的流程。

（1）需要的岗位

编导，拍摄，剪辑，运营，主播。

（2）具体工作流程

编导和运营一起根据每个主播的特点，对主播进行包装，也就是定位人设，确定好这个账号的内容方向和选题，根据每一期视频拍摄的内容，写出拍摄的脚本。

① 编导主要负责账号的内容输出，编写视频脚本。不管是运营签约型的主播账号，还是自孵化型的主播账号，都是以内容为导向。

一般的MCN（Multi-channel Network，网红孵化中心），编导和运营岗位是分开的，小的公司都是集编导和运营于一身。

② 拍摄。主要负责视频的拍摄，根据拍摄的难度来决定拍摄成片的数量。拍摄脚本没有技术含量的，一天可以拍20～30个视频；难度很大的脚本，可能一天就只能拍一个视频。

③ 剪辑。主要负责视频的后期剪辑，也是根据视频的要求来确定出片的数量和质量，以及修改的次数。简单的剪辑，一天可以出几十个片，难度大的一天可能连一个也剪辑不出来。

④ 运营。收到剪辑完的成片视频，设计视频头图、标题、简介等，分发到抖音或者其他平台，统计分析视频的数据，对各个平台视频的数据、用户进行管理。每周统计视频作品的数据，然后反馈给编导，让编导调整内容。

⑤ 主播。根据编导提供的视频脚本进行拍摄。如果有直播，会要求直播的频率、时长，带货的频率，带货的流水。对于主播来说，前期账号在孵化期，没有收益，有一定的底薪＋绩效；账号变现之后，降低底薪＋绩效，以账号收益流水为核心，流水越大，提成越高。

目前直播电商存在以下问题。

① 网红经济的法律法规不健全。网红经济是通过网红来进行营销从而盈利，对网红、网络的监督与监管问题一直是重点难点。

② 网红带货乱象，消费者投诉持续攀升。不少消费者反映，直播购物的售后体验比较差。

③ 数据造假严重，不正当竞争行为较多。"网红"在镜头前带货、经纪公司在镜头后刷流量已是行业惯例。

由此可以看到，移动直播虽然在风口上，但存在着不少问题。我们作为运营者，应该严谨自律。

小结

每个时代都会出现处于风口的行业，把握住机会，就能够赚到盆满钵满，但是，风口能持续多久并不一定。为什么说现在的风口是移动直播呢？

首先，移动互联网进一步发展成熟，提速降费使得成本下降，加上移动设备的便携性，拍视频的门槛几乎同时一起得以降低，使得移动直播的爆发成为必然。

其次，在移动直播领域，以抖音、快手为代表的APP，用格调来引导内容和用户群，契合全民娱乐审美提升的趋势，受到了众多90后、00后用户的追捧。

最后，在移动垂直直播领域，主题突出且多样，音乐、电商、企业服务等新型的主题直播带来更多新的内容和玩法，未来可能会出现新的模式和更多新的公司，为行业带来更多创新。

▶▶▶ 案例1：短视频变现的一些成功案例，或许下一个会是你！

如今短视频爆火，这是时代发展的产物，也是未来几年的趋势，很多短视频制作团队也趁着这波时代红利迅速成长起来。

[例1] 现在仍然很火的短视频《陈翔六点半》，于2014年1月8日开始在腾讯微视每天连续更新，后又登录了抖音、美拍、秒拍、快手等短视频平台。

《陈翔六点半》以夸张幽默的形式展现了生活中无处不在的每个人都可能会遇到的"囧事"，每集均有至少一个笑点，由一到两个情节组成，其目的就是让观众用最短的时间，通过最方便的移动互联网平台解压、放松，获得快乐。

该视频的主旨是用每一个视频讲好一个小故事，观众看这些短视频，看到的是自己的生活用幽默的方式进行展现。每个人生活工作压力都很大，所以，轻松的视频反而容易被受众传播。

[例2]《一禅小和尚》是由苏州大禹网络科技有限公司原创的3D动画视频，主人公一禅是一个小和尚，调皮机灵，和师父阿斗老和尚通过生活中的一些日常对话讲出一些人生哲理，一时间吸引了大批用户关注。

不过，这个案例不太容易模仿，毕竟做动画需要专业技能，还要投入一定的精力、财力，而且如果故事内容比较弱的话，视频会慢慢销声匿迹于江湖。

[例3] "办公室小野"也是很多人熟悉的知名自媒体，曾经一个名为《饮水机煮火锅》的视频火遍了整个网络，而小野也成了

无人不知的网红。其实这也是由一个名叫洋葱MCN的团队打造的IP。正是因为背后有强大的团队，小野才能够持续不断地输出优质作品。

和小野一样，拥有团队支持的还有IP"多余和毛毛姐"，视频中一句"好嗨哟，感觉人生已经到达了高潮"更是在一时间成为很多人的口头禅。"多余和毛毛姐"这个IP是一人分饰两角，用带有贵州腔调的对话调侃生活中的趣事。短时间内，他在抖音上就积累了1200多万粉丝，其搞笑段子总是能让人开怀大笑。

[例4]"面筋哥"起初只是一个在街头卖艺的人，靠微薄的收入维持生活，十分落魄。但是自从有网友在B站（哔哩哔哩网站）上传他的原创歌曲《烤面筋》之后，他的命运被彻底改变了。这首歌的歌词非常有趣，朗朗上口，旋律也非常接地气。一时间，"面筋哥"爆红网络，大量的改编视频如井喷一般出现在B站和各大视频网站。他夸张的表情，简朴的歌词，追逐梦想的勇气和重情重义的性格，被网友们津津乐道。"面筋哥"火了之后，他也跨界开了自己的烧烤店。

由此可见，无论使用哪种方法，一定要根据短视频的定位内容而来，只有在优质内容的基础上才能摸索出一些适合自己的门路，这也是我们在做抖音短视频时必须要注意的问题。

>>> **案例2：短视频直播带货，现在上车还来得及吗？**

直播带货，在近几年拥有巨大的关注度，不断有一些天文数字刷新我们的认知。

- 罗永浩首次直播带货，3小时销售额达到了1.1亿元；
- 央视Boys合力带货，销售额超过5.28亿元；
- 辛巴回归直播带货当天，销售额超过12亿元。

……

看到这些惊人的数字，有人会问：现在加入直播带货还来得及吗？

有句话说得好，什么时候开始都不晚，最好的时间是在十年前，其次，是现在。

那么，短视频直播带货，我们该如何去做。

（1）在直播过程中展示商品细节

大多数消费者在购买商品之前都希望看到商品的实际细节，因此，在种草（推荐好货以诱人购买）视频中，展示商品的细节是至关重要的。通常在展示商品细节时，可以选择商品的核心卖点进行阐述，搭配镜头聚焦，对商品的细节进行拍摄输出。

很多淘宝直播主播都会运用这一点，将产品的每一个细节都展现给观看直播的受众，就是为了用细节吸引受众注意。

（2）科普产品时突出专业性

很多人会疑惑为什么有的主播带货能力强，实际上，跟主播的专业能力有很大的关系。在受众对产品一知半解的前提下，主播将产品阐述清楚，并用专业知识对商品进行评价，更能吸引受众。那么如何从专业的角度来进行商品种草呢？

① 探访商家。可以用去商家实地探访的方式来为观众进行科普，比如直播主题是衣服是如何制作生产的，挑起观众的好奇心，然后让观众直观地看到厂家生产过程，以增加用户的信任度。

② 用搭配种草。这是很多美妆博主和服装博主常用的种草形式，通过不同商品的搭配组合出击，引起观众的兴趣，从而激发购买行为。这种搭配形式更能体现博主在该领域的专业程度。

（3）商品测评对比

打假测评是短视频最近比较火的形式，主播可以打假其他商品获得粉丝的信任，继而种草更真材实料的商品。

还可以对商品进行测评，比如防晒产品、酒水、快消品都可以进行商品对比、测评，然后选出性价比相对较高的商品进行种草。这相当于满足了消费者购物时挑选的欲望，间接地帮助他们在众多同类型商品中找到适合的产品。

（4）展示商品使用场景，沉浸式销售

主播在拍种草视频时，可以完整展示商品的使用过程，让观众能有浸入式的产品体验，了解了产品的具体使用情况无疑是促单的好办法。例如，一些饮料产品或者酒水产品，可以通过产品展示地点的不同进行渲染，如婚礼现场、朋友聚会、独自小酌都可以；也可以通过产品搭配的不同来展示，如加冰、不同果汁混合、制作气泡水等，打造不同的产品使用场景。

在直播或者短视频中可以通过剧情演绎、提问式代入、直接表达等方式吸引受众。

如今，人们越来越聚焦于直接沟通和连接。所以，不管你准备做什么内容，只要关注到人的连接趋势及个人崛起的趋势，就能在这个时代收获更大的红利。

那么，你确定要入行了吗？如果确定了，就不要犹豫不决。什么时间开始都不晚，但是越早开始越有好处，至少积累的经验要比晚开始的人多一些。

结语：个人品牌打造，是一个长期的过程

个人品牌的打造是一个长期的过程，纵观全网，但凡真正给用户传递能量，能够长久让用户追随的个人品牌大都有前期的积累和沉淀。当然，也有一些一夜爆红的案例，但大多都是昙花一现。

做个人品牌最终是要实现商业变现的，那么，个人品牌商业变现的底层逻辑是什么？

首先，应该是具有自己的产品。这个产品可以是视频、文字、音频等内容，也可以是我们的经验、能力和专长。

其次，每个人都可以成为品牌，要对自己所掌握的能力、技能、专业、条件等具有自信，只要找到合适的方式就能够打造出自己的个人品牌，扩大自己的影响力和知名度，从而赢得客户的青睐和忠诚。

最后，要了解个人品牌最终的变现模式和变现渠道，让自己成为通道的大系统建设者，最终通过会员、大客户、代理商、合伙人或者投资人的成果转化进行变现。

有品牌和没有品牌的人，最大的区别就是：有品牌的人，通过设计、规划、实施，让自己成为焦点，建立品牌商业模式进行变现；没有品牌的人，通过学习各种知识、技能，让自己成为别人商业模式中的某一环节。

如果想形成个人品牌并将之变现，可以通过以下五点，对自己做一个基础判断。

① 运用SWOT分析法，如实地进行个人品牌检验。

② 通过个人品牌的公正分析，为个人品牌奠定坚实的基础。

③ 通过一一列举自身的优势、不足、喜好、不喜欢的事等进行品牌身份形象化。

④ 通过品牌定位的概念，找到自己的品牌个性、品牌身份、品牌本质，运用品牌打造的原则、方法等进行品牌路径的打造。

⑤ 围绕定位设定长期和短期的目标，制订实现这些目标的品牌战略规划，并进行个人品牌商业模式变现落地。

在这个过程中，需要明白个人品牌打造是一个长期的工程，有认知和没有认知的行动结果一定不一样。希望通过本书的分享，让更多人建立相关认知，从而更好地实现个人品牌的商业模式变现之路。

最后，想说一句，用心才能得到回报。